21世纪全国高等院校财经管理系列实用规划教材

企业财务会计模拟实习教程

主　编　董晓平　张红漫

副主编　周恒男　冯红红　徐天也

内 容 简 介

本书根据新会计准则编写。本书设计了友华机械工厂12月份的经济业务，阐述了企业财务会计的基本理论、基本方法和基本技能。在模拟环境中，按照具体的经济业务，学生自己动手，根据填制原始凭证，编制记账凭证，登记账簿，进行成本核算，编制会计报表，使学生仿佛置身于某单位的实际会计部门，对会计工作的全貌有个清晰的、直观的了解。

本书共分六部分。第一部分：企业概况及产品生产工艺；第二部分：企业财务会计制度；第三部分：总账、明细账会计科目余额及相关资料；第四部分：实习要求提示；第五部分：友华机械厂12月份发生业务(原始凭证)；最后附有参考答案：会计分录、计算表格的填写、会计报表的编制、会计账簿(T型账)、科目汇总表，用以帮助使用者解决出现的疑难问题。

本书可作为会计专业的教材，也可以作为在职财会人员的参考书。

图书在版编目(CIP)数据

企业财务会计模拟实习教程/董晓平，张红漫主编．—北京：中国农业大学出版社；北京大学出版社，2011.9

(21世纪全国高等院校财经管理系列实用规划教材)

ISBN 978-7-5655-0404-4

Ⅰ.①企…　Ⅱ.①董…②张…　Ⅲ.①企业管理—财务会计—高等学校—教材　Ⅳ.①F275.2

中国版本图书馆CIP数据核字(2011)第170081号

书　　　名：企业财务会计模拟实习教程
著作责任者：董晓平　张红漫　主编
总　策　划：第六事业部
执 行 策 划：李　虎
责 任 编 辑：王显超　潘晓丽
标 准 书 号：ISBN 978-7-5655-0404-4/F・010
出　版　者：北京大学出版社(地址：北京市海淀区成府路205号　邮编：100871)
网址：http://www.pup.cn　http://www.pup6.com　E-mail:pup_6@163.com
电话：邮购部62752015　发行部62750672　编辑部62750667　出版部62754962
中国农业大学出版社(地址：北京市海淀区圆明园西路2号　邮编：100193)
网址：http://www.cau.edu.cn/caup　E-mail:cbsszs@cau.edu.cn
电话：编辑部62732617　营销中心62731190　读者服务部62732336
印　刷　者：三河市北燕印装有限公司
发　行　者：北京大学出版社　中国农业大学出版社
经　销　者：新华书店
规　　　格：787毫米×980毫米　16开本　12.5印张　240千字
版　　　次：2011年9月第1版　2011年9月第1次印刷
定　　　价：25.00元

21世纪全国高等院校财经管理系列实用规划教材

专家编审委员会

丛 书 序

我国越来越多的高等院校设置了经济管理类学科专业，这是一个包括经济学、管理科学与工程、工商管理、公共管理、农业经济管理、图书档案学 6 个二级学科门类和 22 个专业的庞大学科体系。2006 年教育部的数据表明在全国普通高校中经济类专业布点 1518 个，管理类专业布点 4328 个。其中除少量院校设置的经济管理专业偏重理论教学外，绝大部分属于应用型专业。经济管理类应用型专业主要着眼于培养社会主义国民经济发展所需要的德智体全面发展的高素质专门人才，要求既具有比较扎实的理论功底和良好的发展后劲，又具有较强的职业技能，并且又要求具有较好的创新精神和实践能力。

在当前开拓新型工业化道路，推进全面小康社会建设的新时期，进一步加强经济管理人才的培养，注重经济理论的系统化学习，特别是现代财经管理理论的学习，提高学生的专业理论素质和应用实践能力，培养出一大批高水平、高素质的经济管理人才，越来越成为提升我国经济竞争力、保证国民经济持续健康发展的重要前提。这就要求高等财经教育要更加注重依据国内外社会经济条件的变化适时变革和调整教育目标和教学内容；要求经济管理学科专业更加注重应用、注重实践、注重规范、注重国际交流；要求经济管理学科专业与其他学科专业相互交融与协调发展；要求高等财经教育培养的人才具有更加丰富的社会知识和较强的人文素质及创新精神。要完成上述任务，各所高等院校需要进行深入的教学改革和创新。特别是要搞好有较高质量的教材的编写和创新。

出版社的领导和编辑通过对国内大学经济管理学科教材实际情况的调研，在与众多专家学者讨论的基础上，决定编写和出版一套面向经济管理学科专业的应用型系列教材，这是一项有利于促进高校教学改革发展的重要措施。

本系列教材是按照高等学校经济类和管理类学科本科专业规范、培养方案，以及课程教学大纲的要求，合理定位，由长期在教学第一线从事教学工作的教师立足于 21 世纪经济管理类学科发展的需要，深入分析经济管理类专业本科学生现状及存在问题，探索经济管理类专业本科学生综合素质培养的途径，以科学性、先进性、系统性和实用性为目标，其编写的特色主要体现在以下几个方面：

(1) 关注经济管理学科发展的大背景，拓宽理论基础和专业知识，着眼于增强教学内容的联系实际和应用性，突出创造能力和创新意识。

(2) 体系完整、严密。系列涵盖经济类、管理类相关专业以及与经管相关的部分法律类课程，并把握相关课程之间的关系，整个系列丛书形成一套完整、严密的知识结构体系。

(3) 内容新颖。借鉴国外最新的教材，融会当前有关经济管理学科的最新理论和实践经验，用最新知识充实教材内容。

(4) 合作交流的成果。本系列教材是由全国上百所高校教师共同编写而成，在相互进行学术交流、经验借鉴、取长补短、集思广益的基础上，形成编写大纲。最终融合了各地特点，具有较强的适应性。

(5) 案例教学。教材具备大量案例研究分析，让学生在学习过程中理论联系实际，特别列举了我国经济管理工作中的大量实际案例，这可大大增强学生的实际操作能力。

(6) 注重能力培养。力求做到不断强化自我学习能力、思维能力、创造性解决问题的能力以及不断自我更新知识的能力，促进学生向着富有鲜明个性的方向发展。

作为高要求，财经管理类教材应在基本理论上做到以马克思主义为指导，结合我国财经工作的新实践，充分汲取中华民族优秀文化和西方科学管理思想，形成具有中国特色的创新教材。这一目标不可能一蹴而就，需要作者通过长期艰苦的学术劳动和不断地进行教材内容的更新才能达成。我希望这一系列教材的编写，将是我国拥有较高质量的高校财经管理学科应用型教材建设工程的新尝试和新起点。

我要感谢参加本系列教材编写和审稿的各位老师所付出的大量卓有成效的辛勤劳动。由于编写时间紧、相互协调难度大等原因，本系列教材肯定还存在一些不足和错漏。我相信，在各位老师的关心和帮助下，本系列教材一定能不断地改进和完善，并在我国大学经济管理类学科专业的教学改革和课程体系建设中起到应有的促进作用。

2007 年 8 月

刘诗白　刘诗白教授现任西南财经大学名誉校长、博士生导师，四川省社会科学联合会主席，《经济学家》杂志主编，全国高等财经院校资本论研究会会长，学术团体“新知研究院”院长。

前　　言

为了适应社会主义市场经济的需求，培养财会类本、专科学生实际操作能力和理论联系实际的能力，进一步提高教学质量，特组织编写了本教程。

本书设计了友华机械工厂这个中型国有制造企业，编拟了12月份的经济业务，阐述了企业财务会计的基本理论、基本方法和基本操作技能。本书共分六部分。第一部分：企业概况及产品生产工艺；第二部分：企业财务会计制度；第三部分：总账、明细账会计科目余额及相关资料；第四部分：实习要求提示；第五部分：友华机械工厂12月份发生业务（原始凭证）；最后附有参考答案和计算过程。

本书通过填制会计凭证、登记账簿、成本计算、编制会计报表等，能够提高学生实际操作技能和分析问题及解决问题的能力，为毕业后尽快适应实际工作打下良好的基础。本书不仅可以作为会计专业学生必备的教材，而且还可以作为在职财会人员自修用书。

本书由董晓平、张红漫担任主编，负责总纂、修改及定稿，参加编写的还有周恒男、冯红红、徐天也。

由于编者水平有限，书中难免有疏漏之处，恳请读者批评指正。

编　者

2011年7月

目　　录

第一部分　企业概况及产品生产工艺

一、　企业概况

1. 会计主体

本资料的会计主体是友华机械工厂(以下简称：友华机械厂)，该厂资料中所涉及的其他企业均为虚构，以下有关说明及书中会计核算资料也均属假设。

2. 会计主体机构设置

会计主体机构设置如图 1.1 所示。

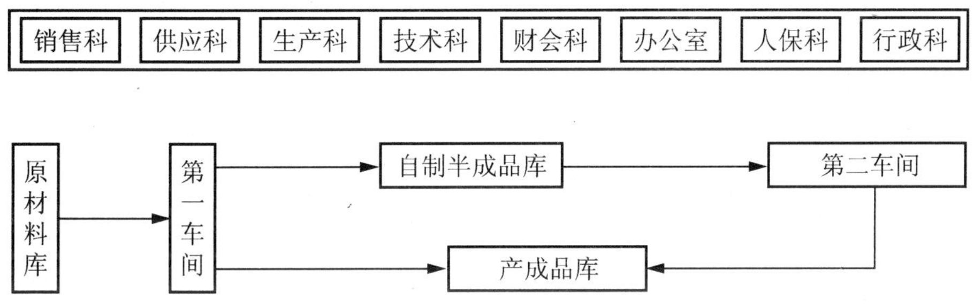

图 1.1　会计主体机构设置图

友华机械厂系国有中型企业，注册资本为 400 万元，行政管理部门设置销售科、供应科、生产科、技术科、财会科、办公室、人保科和行政科等 8 个职能科室，负责和协调企业经营活动及后勤服务工作，下设第一、第二两个基本生产车间和机修、供暖两个辅助生产车间及一小型运输车队。

二、　产品生产工艺

该企业的生产类型属多步骤大量生产特点，主要商品产品为 M、H 两种产品，附营有运输等业务。

生产工艺过程是：第一车间向原材料仓库领用产品生产所需原材料(原材料生产开始时一次投入)，生产 M 产品，产成品验收合格，送交产成品仓库，同时生产 H 半成品，经验收合格送交自制半成品仓库；第二车间向自制半成品仓库领用 H 半成品，继续加工生产成 H 产品，经验收合格送交产成品仓库。

第二部分　企业财务会计制度

一、　企业会计核算组织形式

企业会计工作组织采用集中核算，即厂部设置在总会计师领导下的财务会计科，负责办理全厂财务会计工作(即实行厂部一级核算体制)。

二、　企业账务处理程序

1. 企业统一采用复式记账凭证，即编制通用记账凭证。

2. 记账方法采用借货记账法，账务处理采用科目汇总表账务处理程序。

3. 企业根据《工业企业会计制度》规定，开设总分类账、明细分类账及日记账，总分类账一律采用三栏式格式；明细分类账根据核算需要分别选用三栏式、数量金额式、多栏式或专用格式；日记账采用“借方”、“贷方”、“结余”三栏式格式。

4. 企业统一按规定编制会计报表。

三、　货币资金核算

1. 该企业现金的库存限额为 4 000 元。

2. 备用金的核算采用非定额的借款报账制度。

3. 该企业开户银行为中国工商银行市支行，账号为 578001880，总会计师管佳，会计主管王明，出纳李丽，材料会计张思，保管赵亮。

4. 该企业银行转账结算，主要采用支票、委托收款、托收承付、银行汇票、汇兑等结算方式。

四、　存货的核算

1. 材料核算根据本企业管理需要分别采用计划成本和实际成本两种方法核算，其中：甲材料、丙材料、配件、机物料采用计划成本核算；乙材料、木板、回收残料采用实际成本核算；发出材料的计价乙材料采用月末一次加权平均法；木板采用先进先出法。

2. 周转材料—低值易耗品采用计划成本核算，摊销采用一次摊销法。

3. 产成品及自制半成品核算采用实际成本核算，发出的计价 M、H 两种产品采用月末一次加权平均法；H 半成品采用先进先出法。

五、　固定资产的核算

1. 该企业的固定资产按使用部门分类，进行二级核算，按固定资产项目设固定资产卡片进行三级明细核算(本资料略去固定资产明细核算)。

2. 固定资产折旧采用平均年限法计提。

3. 折旧额采用月分类折旧率计算，其中：房屋建筑类为5.4‰，机器设备类(含汽车)9.85‰。

六、 费用及产品成本核算

1. 产品成本计算根据企业生产类型特点及成本管理要求分别采用品种法及分步法，其中：M产品采用品种法；H产品采用综合结转的逐步结转分步法，为进行成本分析考核，要求对H产品成本进行成本还原。

2. 外购动力费用按产品生产工时比例在产品间进行分配。

3. 车间生产工人工资按产品生产工时比例在产品间进行分配。

4. 基本生产车间及辅助生产车间一律单独设账核算本车间制造费用。制造费用的分配一律按工时比例法进行。

5. 辅助生产费用分配采用一次交互分配法。

6. 月末M产品，H产品及H半成品的在产品成本采用约当产量法计算(直接材料为一次投入)。

7. 职工福利费的提取比例为工资总额的14%。

8. 计提坏账准备采用“应收账款余额百分比法”，比例5‰。

9. 长期待摊费用及无形资产均按规定计算摊销。

七、 税金的核算

1. 本企业为增值税的一般纳税人，税率为17%。

2. 营业税税率为3%，城乡维护建设税按流转税额的7%计算交纳；教育费附加按流转税额3%计算交纳。

3. 所得税税率为25%。

八、 利润及利润分配核算

1. 年末按税后利润的10%提取法定盈余公积金。

2. 按税后利润5%提取任意盈余公积。

3. 按税后利润的30%向投资者分配利润。

九、 其他

1. 计算中要求精确到0.000 1，尾差按业务需要进行调整。

2. 各会计岗位操作规范按财政部颁发的《会计人员工作规则》执行。

第三部分　总账、明细账会计科目余额及相关资料

一、　总账科目及总账余额

总账科目名称及余额表

20××年 12 月 1 日　　　　单位：元

序　号	编　号	总账科目名称	期初余额	
			借　　方	贷　　方
		一、资产类		
1	1001	库存现金	3 210.58	
2	1002	银行存款	2 089 129.30	
3	1012	其他货币资金		
4	1122	应收账款	146 680.00	
5	1231	坏账准备		602.00
6	1123	预付账款	48 280.00	
7	1121	应收票据	30 000.00	
8	1221	其他应收款	16 100.00	
9	1401	材料采购		
10	1402	在途物资		
11	1403	原材料	1 068 303.00	
12	1411	周转材料	131 000.00	
13	1404	材料成本差异	2 074.00	
14	1408	委托加工物资		
15	1407	自制半成品	20 050.00	
16	1405	库存商品	118 416.12	
17	1406	发出商品		
18	1601	固定资产	1 870 451.00	
19	1602	累计折旧		679 554.10
20	1606	固定资产清理		
21	1604	在建工程	404 503.10	
22	1701	无形资产		
23	1702	累计摊销		
24	1801	长期待摊费用		
		二、成本类		
25	5001	生产成本	16 141.00	
26	5101	制造费用		
		三、负债类		
27	2001	短期借款		60 000.00
28	2201	应付票据		

（续表）

序号	编号	总账科目名称	期初余额	
			借方	贷方
29	2202	应付账款		134 750.00
30	2203	预收账款		117 000.00
31	2241	其他应付款		660.00
32	2211	应付职工薪酬		185 074.00
33	2221	应交税费		27 886.00
34	2232	应付股利		
35	2231	应付利息		1 000.00
		四、所有者权益		
36	4001	实收资本		4 000 000.00
37	4002	资本公积		5 000.00
38	4101	盈余公积		113 122.00
39	4103	本年利润		529 690.00
40	4104	利润分配		110 000.00
		五、损益类		
41	6001	主营业务收入		
42	6401	主营业务成本		
43	6403	营业税金及附加		
44	6051	其他业务收入		
45	6402	其他业务成本		
46	6602	管理费用		
47	6603	财务费用		
48	6601	销售费用		
49	6701	资产减值损失		
50	6711	营业外收入		
51	6801	所得税费用		

二、 生产成本明细账余额

月初各生产成本明细账余额表

单位：元

车间名称	品种类别	成本项目				合计
		直接材料	燃料动力	直接人工	制造费用	
一车间	M产品	8 964.00	536.00	600.00	1 157.00	11 257.00
	H半成品	3 126.00	347.20	672.44	738.36	4 884.00
	合计	12 090.00	883.20	1 272.44	1 895.36	16 141.00
二车间	H产品					

三、 日记账及其他明细账余额

日记账及有关明细账科目及余额表

单位：元

会计科目	账户余额	
	借　方	贷　方
现金日记账	3 210.58	
银行存款日记账	2 089 129.30	
应收账款		
1. 前进厂	105 580.00	
2. 商贸公司	15 000.00	
3. 开源厂		
4. 华兴公司	300.00	
5. 华南厂	10 000.00	
6. 大众汽车厂	10 000.00	
7. X 钢厂	5 000.00	
8. 金城修理厂		
9. 长虹公司	800.00	
坏账准备		602.00
预付账款		
1. X 市第二物资公司	48 280.00	
应收票据		
1. 华强商厦	30 000.00	
其他应收款		
1. 王力	2 100.00	
2. 李伟	5 000.00	
3. 张明	9 000.00	
材料成本差异		
1. 甲材料		6 200.00
2. 配件	3 384.00	
3. 机物料	960.00	
4. 低值易耗品	3 930.00	
固定资产		
1. 生产用房屋		
(1)一车间生产厂房	300 000.00	
(2)二车间生产厂房	50 000.00	
(3)供暖车间	150 000.00	
(4)机修车间	120 000.00	
2. 生产机器设备		
(1)一车间	600 000.00	

（续表）

会计科目	账户余额	
	借　　方	贷　　方
（2）二车间	80 000.00	
（3）供暖车间	71 428.00	
（4）机修车间	59 549.00	
3. 运输设备		
（1）汽车	200 000.00	
4. 非生产用房屋		
（1）厂部办公室	150 000.00	
5. 非生产用设备		
（1）厂部小汽车	89 474.00	
累计折旧		679 554.10
短期借款		
1. ××银行		60 000.00
应付账款		
1. 新民配件厂		17 550.00
2. 海华公司		117 200.00
预收账款		
1. 民众汽车厂		117 000.00
其他应付款		
1. 王娜医药费		660.00
2. 应付职工薪酬——工资		175 000.00
应付职工薪酬——职工福利		10 074.00
应交税费		
1. 应交增值税（11月）		8 800.00
2. 城市维护建设税（11月）		616.00
3. 所得税（11月）		18 206.00
4. 教育附加费（11月）		264.00
应付利息		
1. 短期借款利息		1 000.00
实收资本		
1. 国家资本		3 100 000.00
2. 洪利厂		900 000.00
资本公积		5 000.00
盈余公积		
1. 法定盈余公积金		75 415.00
2. 任意盈余公积		37 707.00
本年利润		529 690.00
利润分配		
未分配利润		110 000.00

四、 月初材料明细账余额

单位：元

序 号	材料名称	数 量	单 位	计划单价	实际单位	金 额
1	甲材料	13 116	千克	62.00		813 192.00
2	配件	16 920	只	10.00		169 200.00
3	机物料	3 000	千克	16.00		48 000.00
4	丙材料	0	千克	30.00		0.00
5	乙材料	1 100	千克		29.01	31 911.00
6	木板	12	立方米		500.00	6 000.00
	原材料合计					1 068 303.00
	低值易耗品	13 100	件	10.00		131 000.00

五、 库存商品、自制半成品明细账期初余额

单位：元

产品名称	产品类别	计量单位数量	单 价	金 额	备 注
自制半成品	H 半成品	1 000 件	20.05	20 050.00	
库存商品	M 产品	2 000 件	59.21	118 420.00	

六、 20××年 12 月份相关统计资料

12 月有关统计资料。

(1) 外购动力(电力)抄表量。

单位：度

一车间		二车间		供暖车间		机修车间		厂部	运输	合计
生产耗用	一般耗用	生产耗用	一般耗用	生产耗用	一般耗用	生产耗用	一般耗用			
158 625	3 000	20 000	2 000	30 000	1 675	15 000	1 125	9 020	3 550	243 995

(2) 辅助生产劳务供应量。

耗用单位	计量单位	基本生产		辅助生产		运输	厂部	合计
		一车间	二车间	供暖车间	机修车间			
机修车间	工时	25 000	12 000	4 000		5 000	3 000	49 000
供暖车间	立方米	25 000	11 000		5 000	3 000	6 000	50 000

(3) 产品生产工时资料。

产品别	实际耗用工时总数
M产品	44 445
H半成品	4 050
H产品	10 200

(4) 产品生产情况资料。

单位：件

车间	品　名	月初在产品	本月投入量	月末在产品盘存数量	平均完工程度	本月产出量
一车间	M产品	300	12 000	350	50%	11 950
	H半成品	300	2 780	80	50%	3 000
二车间	H产品		2 500	300	50%	2 200

(5) 商品售价资料。

单位：元

产品别	销售价格
M产品	100.00
H产品	100.00

第四部分　实习要求提示

《企业财务会计模拟实习教程》是对基础会计、企业会计、成本会计、财务管理课程等所学知识的综合应用，是对学生实际动手能力的检查。要求学生运用会计核算方法体系，按会计循环步骤及处理程序，即企业会计实际工作的顺序进行，从建账(设置账簿并根据会计科目开设账户)开始，经过审核原始凭证编制记账凭证；过账(采用复式记账法登记账簿)、成本计算，对账(包括财产清查)、结账，直到决算(编制会计报表)为止。因篇幅所限，某些操作环节，诸如会计工作底稿的编制(试算平衡表等)、财产清查方法(银行存款余额调节表等)及会计报告文字编写不作为统一要求。

一、　建账业务

1. 根据企业内部会计制度，建立企业会计账簿，包括日记账簿、各类明细账簿、总分类账，并在账簿中开设相关账户。其中：日记账、总分类账均采用三栏式账页；原材料等采用数量金额式账页；成本费用类明细账采用多栏式账页。具体要求如下。

(1) 根据期初余额逐各开设总分类账。

(2) 开设现金日记账、银行存款日记账。

(3) 开设其他货币资金、应收票据、应收账款、坏账准备、预付账款、其他应收款、固定资产、累计折旧、固定资产清理、在建工程、无形资产、累计摊销、长期待摊费用、短期借款、应付票据、应付账款、预收账款、其他应付款、应付职工薪酬、应交税费、应付股利、应付利息、实收资本、资本公积、盈余公积、本年利润、利润分配、主营业务收入、主营业务成本、营业税金及附加、销售费用、其他业务收入、所得税费用、营业外收入等三栏式明细账。

(4) 开设原材料、材料采购、在途物资、材料成本差异、周转材料、委托加工物资、自制半成品、库存商品、发出商品三栏式数量金额式明细账。

(5) 开设应交税费——应交增值税多栏式明细账。

(6) 开设生产成本(直接材料、燃料动力、直接人工、制造费用、合计)。制造费用(发生额、工资及福利费、折旧费、修理费、办公费、水电费、机物料消耗、低值易耗品摊销、保险费、其他、转出、余额)。其他业务成本(发生额、工资及福利费、折旧费、修理费、办公费、水电费、低值易耗品摊销、燃料费、税金及附加、其他、转出、余额)。管理费用(发生额、工资及福利费、折旧费、修理费、办公费、水电费、无形资产摊销、其他、转出、余额)。财务费用(发生额、利息费用、汇兑损益、手续费、其他、转出、余额)多栏式明细账。

2. 根据 11 月末科目余额表登记相关账户 12 月份的期初余额。

二、 日常核算业务

1. 根据日常经济业务事项，审核原始凭证，编制记账凭证。

2. 根据记账凭证，登记相关日记账户及明细账户。

三、 月末成本计算及账项调整业务

1. 根据当月有关资料，填制“原材料分配汇总表”；根据分配表编制记账凭证，登记相关明细账户。

2. 根据当月有关资料，填制“低值易耗品分配汇总表”；根据分配表编制记账凭证，登记相关明细账户。

3. 根据当月有关资料，填制“外购动力(电力)费用分配汇总表”根据分配表编制记账凭证，登记相关明细账户。

4. 根据当月有关资料，填制“工资及福利费用分配汇总表”；根据分配表编制记账凭证，登记相关明细账户。

5. 根据当月有关资料，填制“折旧费用分配汇总表”；根据分配表编制记账凭证，登记相关明细账户。

6. 根据有关资料，填制“计提费用分配表”；编制记账凭证，登记相关明细账户。

7. 填制“制造费用分配表(辅助生产车间)”；编制记账凭证，结转辅助生产车间制造费用。

8. 填制“辅助生产费用分配表”；编制记账凭证，结转辅助生产费用。

9. 填制“制造费用分配表(基本生产车间)”；编制记账凭证，结转基本生产车间制造费用。

10. 根据当月有关资料，填制“自制半成品发出汇总表”；编制记账凭证，登记相关明细账。

11. 计算产品成本；填制“产品成本还原计算表”，对 H 产品进行成本还原；填制“产品成本汇总表”，编制记账凭证，结转完工产品成本。

四、 月末（年终）结账业务

1. 根据当月有关资料，填制“库存商品发出汇总表”；编制记账凭证，结转已销产品销售成本。

2. 根据有关资料，填制“坏账准备提取计算表”；编制记账凭证，登记相关明细账户。

3. 根据有关资料，填制“无形资产摊销计算表”；编制记账凭证，登记相关明细账户。

4. 根据有关资料，填制“长期待摊费用摊销计算表”；编制记账凭证，登记相关明细账户。

5. 根据有关资料，计算当月应交增值税、营业税、城市维护建设税、教育费附加；编制记账凭证，登记相关明细账户。

6. 编制记账凭证，将损益类账户结转“本年利润”账户。

7. 根据有关资料，计算应交所得税；编制记账凭证，登记相关明细账户。当月发生费用，均为税前扣除费用。

8. 编制记账凭证，将“所得税”账户余额结转“本年利润”账户。

9. 根据有关资料，计算分配年度税后净利润；编制记账凭证，登记相关明细账户。

10. 编制记账凭证，转销“利润分配”各明细账户。

11. 编制记账凭证，将“本年利润”账户结转“利润分配”账户。

12. 根据有关资料，填制当月“科目汇总表”，定期(1—31 日)编制一次，登记相关总分类账户。

13. 经对账无误后，结算所有账户本期发生额及期末余额，进行年终结账。

五、 年度决算业务

1. 根据有关资料，编制年末“资产负债表”。
2. 根据有关资料，编制 12 月份“利润表”。
3. 根据有关资料，编制 12 月份“现金流量表”。

登记账簿须知

一、 用账簿或调换记账人员时，应在账簿的“启用及交接记录”内逐项填记有关事项。

二、 会计账簿必须根据审核无误的记账凭证及其所附的原始凭证登记。应将会计凭证的日期、编号、业务内容摘要、金额和其他有关资料逐项记入账内。登记完毕后，应在记账凭证上注明“√”，表示已经记账。

三、 登记账簿时要用蓝黑墨水书写，不得使用铅笔或圆珠笔。红色墨水笔只能按规定用途使用，如改错、冲账等。

四、 账簿中的文字和数字不要写满格，一般应占格宽的二分之一。

五、 登记账簿时，凡需要登记会计科目的，必须填列会计科目的名称，或者同时填制会计科目的名称和编号。不得只填列会计科目的编号，不填列会计科目的名称。

六、 各种账簿应该依照编写的页数连续记载。每一账页记载完毕结转下页时，应在账页最后一行结出合计数和余额，注明“过次页”字样；同时，将合计数和余额记入下页第一行有关栏内，注明“承前页”字样。也可以只写明在下一页第一行有关栏内，并注明“承前页”字样。

七、 年度终了，要把各账户余额的结转下年，并在摘要栏内注明“结转下年”字样，在下年新账第一行余额栏填写“上年结转”的余额，并在摘要栏内注明“上年结转”字样。

八、 账簿记录不得刮擦、挖补、涂改或用退色药水更改字迹。发生错误时，应该按下列方法更正：

1. 登记账簿时发生错误，应采用划线法更正，并由记账人员在更正处盖章。

2. 登记账簿以后，因记账凭证填制错误而使账簿记录发生错误，应按红字更正法、补充登记法进行更正。

九、 凡订本账，原账页不得因故撕毁、增补、拆开重订。

十、 记账人员必须做到及时记账，按时结账、对账，经常检查清理账目。

第五部分　友华机械工厂

12 月份发生业务(原始凭证)

一、　日常核算业务

1 日

业务号 001

运费统一结算发票

单位：友华机械厂　　　　20××年 12 月 1 日　　　　运字：××

货物名称	单位	数量	千　米	吨千米	运率	金　　额
甲材料						1 630.00
丙材料						1 720.00
合计(大写)	叁仟叁佰伍拾元整					¥3 350.00

发票联

会计：××　　出纳：××　　制单：××　　市运输公司章

增值税专用发票
发　票　联

开票日期：20××年 12 月 1 日　　　　No. 0432175

购货单位	名　称	友华机械厂	纳税人登记号	××××010011008888
	地址电话	市建国路 1 号 2222222	开户银行及账号	市支行 578001880

货物或应税劳务名称	计量单位	数量	单价	金额									税率%	金额								
				百	十	万	千	百	十	元	角	分		百	十	万	千	百	十	元	角	分
甲材料	公斤	2 000	61		1	2	2	0	0	0	0	0	17			2	0	7	4	0	0	0
丙材料	公斤	4 000	31		1	2	4	0	0	0	0	0	17			2	1	0	8	0	0	0
合　计				¥	2	4	6	0	0	0	0	0	17		¥	4	1	8	2	0	0	0

税价合计(大写)	贰拾捌万柒仟捌佰贰拾元整　　¥287 820.00			
销货单位 名　称	市物资公司	纳税人登记号	××××110010148511	
销货单位 地址电话	北京路 10 号 2222101	开户银行及账号	市支行 578001880	
备　注				

第二联　购货方记账

收款人：张新　　　　开票单位(未盖章无效)市物资公司

中国工商银行转账支票存根	
支票号码 ×××	
科　　目	
对方科目	
签发日期 20××年12月1日	
收款人：市物资公司	
金　额：3 350.00	
用　途：购材料款	
备　注：	
单位主管	会计
复　核	记账

中国工商银行转账支票存根	
支票号码 ×××	
科　　目	
对方科目	
签发日期 20××年12月1日	
收款人：市物资公司	
金　额：287 820.00	
用　途：购材料款	
备　注：	
单位主管	会计
复　核	记账

业务号 002

运费统一结算发票

单位：新安公司　　20××年12月1日　　运字：××

货物名称	单位	数量	千米	吨千米	运率	金　额
材料运费	吨					6 300.00
合计(大写)	陆仟叁佰元整					¥6 300.00

记账联

会计：王明　出纳：李丽　制单：李××　友华机械厂(章)

工商银行进账单(回单或收账通知)

20××年12月1日　　第××号

付款人	全　称	新安公司	收款人	全　称	友华机械厂					
	账　号	348—428		账　号	578001880					
	开户银行	市支行		开户银行	市支行					
人民币(大写)	陆仟叁佰元整		千	百	十	万	千	百	十	元	角	分
						¥	6	3	0	0	0	0
票据种类	支　票	收款人开户银行盖章　略								
票据张数	1									
单位主管　会计　复核　记账										

2日

业务号003

工商银行进账单(回单或收账通知)

20××年12月2日　　　　第××号

付款人	全　称	新明厂	收款人	全　称	友华机械厂					
	账　号	528—243		账　号	578001880					
	开户银行	市支行		开户银行	市支行					
人民币(大写)	贰仟元整		千	百	十	万	千	百	十	元	角	分
						¥	2	0	0	0	0	0
票据种类	支　票	收款人开户银行盖章								
票据张数	1									
单位主管　会计　复核　记账										

收　　据

20××年12月2日　　　　No. ××

交款单位	新明厂		收款单位	友华机械厂									
摘　要		年度	月份	百	十	万	千	百	十	元	角	分	
收违约赔偿金						¥	2	0	0	0	0	0	
金额(大写)	贰仟元整												

二 财务记账

会计：王明　出纳：李丽　交款人：龙光生　友华机械厂章

业务号004

领　料　单

领料单位：经旗加工厂　　　　凭证编号：××

用　途：委托加工　　20××年12月2日　　发料仓库：××

材料类别	材料编号	材料名称及规格	计量单位	数量 请领	数量 实发	单价	金额
		木板	m^3	12	12	500	¥6 000.00

记账联

领料人：××　领料部门主管：××　发料：××　记账：××

业务号 005

收　料　单

供货单位：市物资公司　　　　凭证编号：××

发票号码：0432175　　　　20××年12月2日　　　　材料类别：××

材料编号	材料名称	材料规格	单位	数量		实际价格		计划价格		备注
				应收	实收	单价	金额	单价	金额	
	甲材料		千克	2 000	2 000			62	124 000	
	丙材料		千克	4 000	4 000			30	120 000	
合计(大写)		贰拾肆万肆仟元整								

记账联

材料会计：张思　　保管：赵亮　　制单：张龙

3 日

业务号 006

工商银行汇票委托书(回单)

委托日期　20××年12月3日　　　　第××号

收款人	星海科技公司			汇款人	友华机械厂									
账号或住址	66—484			账号或住址	578001880									
兑付地点	江苏南京	兑付行	南京支行	汇款用途	技术转让费									
汇款金额	人民币(大写)　陆万元整			千	百	十	万	千	百	十	元	角	分	
						¥	6	0	0	0	0	0	0	

备注：根据合同规定该项使用期十年
(20×× 12 至 20××.11.30)

科目
对方科目
财务主管×××　复核××　经办××

业务号 007

××市商业企业统一发票

发　票　联

购货单位：友华机械厂　　　　20××年12月3日　　　　商字 No.0675531

货号	品名规格	单位	数量	单价	金额									备注
					百	十	万	千	百	十	元	角	分	
	技术转让费					¥	6	0	0	0	0	0	0	17日收到发票
合计人民币(大写)	陆万元整								¥60 000.00					

第二联　发票联

业务号 008

中国工商银行现金支票存根
支票号码　×××
科　　目______
对方科目______
签发日期 20××年 12 月 3 日
收款人：友华机械厂
金　额：175 000.00
用　途：提发放工资
备　注：
单位主管　　　会计
复　　核　　　记账

业务号 009

工　资　结　算　表

单位：友华机械厂　　　　20××年 11 月份　　　　单位：元

单位		标准工资	各种补贴	扣款		应付工资	扣款			实发工资
				病假	事假		房租	水电	借款	
一车间	生产工人									
	管理人员									
二车间	生产工人									
	管理人员									
供暖	生产工人	（略）								
	管理人员									
机修	生产工人									
	管理人员									
厂部										
运输部门										
合计						175 000				175 000

注：发放工资　　　　制表：×××

4 日

业务号 010

借　款　单

20××年 12 月 4 日　　　　No. ××

存根联 王力同志因出差 借支款计　150　元		因公出差预借支人民币 150 元壹佰伍拾元整。 现金付讫　　借款人：王力 李丽　　20××.12.4
领导批示	同意借给 管佳　4/12	

业务号 011

贴　现　凭　证(收账通知)

填写日期 20××年 12 月 4 日　　　　第××号

<table>
<tr><td rowspan="3">申请单位</td><td>全　称</td><td>友华机械厂</td><td rowspan="3">贴现汇票</td><td>种　类</td><td>商业承兑汇票</td><td>号码</td><td>0764517</td></tr>
<tr><td>账　号</td><td>578001880</td><td>发票日</td><td colspan="3">20××年 11 月 5 日</td></tr>
<tr><td>开户银行</td><td>工商行市支行</td><td>到期日</td><td colspan="3">20××年 2 月 4 日</td></tr>
<tr><td colspan="2">汇票承兑单位(即贴现金金额</td><td>华强商厦</td><td>账号</td><td>127677</td><td>开户银行</td><td colspan="2">工商行市支行</td></tr>
<tr><td colspan="2">汇票金额(即贴现金额)</td><td colspan="6">人民币(大写)　　千 百 十 万 千 百 十 元 角 分</td></tr>
<tr><td>贴现率</td><td>10%</td><td>贴现利息</td><td colspan="2">十 万 千 百 十 元 角 分</td><td>实付贴现金额</td><td colspan="2">千 百 十 万 千 百 十 元 角 分</td></tr>
<tr><td colspan="3">上述款项已转入你单位账户
此致
银行盖章
20××年 12 月 4 日</td><td>银行审批</td><td colspan="2">同意贴现</td><td colspan="2"></td></tr>
</table>

注：贴现期按月计算

5 日

业务号 012

中国工商银行转账支票存根

支票号码　×××

科　　目 ____________

对方科目 ____________

签发日期 20××年 12 月 5 日

收款人：市第二物资公司
金　额：50 000.00
用　途：购材料款
备　注：

单位主管　　　　会计

复　　核　　　　记账

收　　　据

20××年 12 月 5 日　　　　No. ××

交款单位	友华机械厂		收款单位	市第二物资公司									
摘　要		年度	月份	百	十	万	千	百	十	元	角	分
预收购材料款					¥	5	0	0	0	0	0	0
金额(大写)	伍万元整											

一 交款单位

会计：石华　　出纳：张晓平　　交款人：马莉　　　市第二物资公司章

6 日

业务号 013

工商银行电汇凭证(回单)

委托日期　20××年 12 月 6 日　　　　第××号

<table>
<tr><td rowspan="3">汇款人</td><td>全　称</td><td colspan="4">大华机械厂</td><td rowspan="3">收款人</td><td>全　称</td><td colspan="3">王　娜</td></tr>
<tr><td>账　号
或住址</td><td colspan="4">518—128</td><td>账　号
或住址</td><td colspan="3">解放路 10 号</td></tr>
<tr><td>汇出地点</td><td>×省×市县</td><td>汇出行
名　称</td><td colspan="2">市支行</td><td>汇入地点</td><td>河南省许昌市县</td><td>汇入行
名　称</td><td>×支行</td></tr>
<tr><td>金额</td><td colspan="9">人民币(大写)　陆佰陆拾元整</td><td>千|百|十|万|千|百|十|元|角|分
 | | | |¥|6|6|0|0|0</td></tr>
<tr><td colspan="10">汇款用途：退休人员医药费用</td><td rowspan="2">汇出行盖章
略</td></tr>
<tr><td colspan="10">上列款项已根据委托办理
(注：药费已在上月报销入账列其他应付款。)</td></tr>
</table>

注：电汇支付上月已报销的返回退休干部王娜的医药费 660 元。

业务号 014

增值税专用发票

发　票　联

开票日期：20××年 12 月 6 日　　　　No. 0432396

<table>
<tr><td rowspan="2">购货单位</td><td>名　称</td><td colspan="3">友华机械厂</td><td>纳税人登记号</td><td colspan="2">××××010011008888</td></tr>
<tr><td>地址电话</td><td colspan="3">市建国路 1 号 2222222</td><td>开户银行及账号</td><td colspan="2">市支行 578001880</td></tr>
<tr><td colspan="2">货物或应税劳务名称</td><td>计量单位</td><td>数量</td><td>单价</td><td>金额
百|十|万|千|百|十|元|角|分</td><td>税率
%</td><td>金额
百|十|万|千|百|十|元|角|分</td></tr>
<tr><td colspan="2">机物料</td><td>千克</td><td>500</td><td>17</td><td> | | |8|5|0|0|0|0</td><td>17</td><td> | | |1|4|4|5|0|0</td></tr>
<tr><td colspan="2"></td><td></td><td></td><td></td><td></td><td></td><td></td></tr>
<tr><td colspan="2"></td><td></td><td></td><td></td><td></td><td></td><td></td></tr>
<tr><td colspan="2">合　计</td><td></td><td></td><td></td><td> | |¥|8|5|0|0|0|0</td><td></td><td> | |¥|1|4|4|5|0|0</td></tr>
<tr><td colspan="2">税价合计(大写)</td><td colspan="6">玖仟玖佰肆拾伍元整　　¥9 945.00</td></tr>
<tr><td rowspan="2">销货单位</td><td>名　称</td><td colspan="3">市物资公司</td><td>纳税人登记号</td><td colspan="2">××××1101048511</td></tr>
<tr><td>地址电话</td><td colspan="3">北京路 10 号 2222101</td><td>开户银行及账号</td><td colspan="2">市支行 527—248</td></tr>
<tr><td colspan="2">备　注</td><td colspan="6"></td></tr>
</table>

第二联　购货方记账

收款人：张新　　　　开票单位(未盖章无效)市物资公司

运费统一结算发票

单位：友华机械厂　　20××年12月6日　　运字：××

货物名称	单位	数量	千　米	吨千米	运率	金　　额
机物料	千克	500				100.00
合计(大写)	壹佰元整					¥100.00

发票联

会计：××　　出纳：××　　制单：××　　市物资公司章

中国工商银行转账支票存根

支票号码　×××

科　　目______

对方科目______

签发日期 20××年12月6日

收款人：市物资公司
金　额：10 045.00
用　途：购机物料(含运费)
备　注：

单位主管　　会计

复　　核　　记账

7日

业务号015

收　　料　　单

供货单位：市物资公司　　编号：××

发票号码：0432396　　20××年12月7日　　材料类别：××

材料编号	材料名称	材料规格	单位	数量		实际价格		计划价格		备注
				应收	实收	单价	金额	单价	金额	
	机物料		千克	500	500			16	8 000	
合计(大写)		捌仟元整								

记账联

材料会计：张思　　保管：赵亮　　制单：张龙

业务号 016

增值税专用发票
发　票　联

开票日期：20××年 12 月 7 日　　　　No. 01413788

购货单位	名称	友华机械厂			纳税人登记号	××××010011008888
	地址电话	市建国路 1 号 2222222			开户银行及账号	市支行 578001880
货物或应税劳务名称	计量单位	数量	单价	金额	税率 %	金额
乙材料	千克	1 000	30	¥3000000	17	¥510000
合计				¥3000000		¥510000
税价合计(大写)	叁万伍仟壹佰元整　¥35 100.00					
销货单位	名称	海华物资公司			纳税人登记号	××××001022330476
	地址电话	新华路 10 号 2334769			开户银行及账号	市支行 12743710
备注						

第二联　购货方记账

收款人：韩晶　　　　开票单位(未盖章无效)市海华物资公司

业务号 017

中国工商银行转账支票存根

支票号码　×××

科　　目________

对方科目________

签发日期 20××年 12 月 7 日

收款人：市运输公司
金　额：1 000.00
用　途：运费
备　注：

单位主管　　会计

复　　核　　记账

运费统一结算发票

单位：友华机械厂　　20××年 12 月 7 日　　运字：××

货物名称	单位	数量	千　米	吨千米	运率	金　额
乙材料						1 000.00
合计(大写)	壹仟元整					¥1 000.00

发票联

会计：郭进　　出纳：宋辉　　制单：张达

业务号 018

收 料 单

供货单位：海华市物资公司　　　　　　　　　　　　　　　　　　编号：××

发票号码：0432396　　　　　　20××年 12 月 7 日　　　　　　　材料类别：××

材料编号	材料名称	材料规格	单位	数量		实际价格		计划价格		备注
				应收	实收	单价	金额	单价	金额	
	乙材料		千克	1 000	1 000	31.00	31 000			
合计(大写)	叁万壹仟元整									

记账联

材料会计：张思　　　　保管：赵亮　　　　制单：张龙

业务号 019

增值税专用发票
记 账 联

开票日期：20××年 12 月 7 日　　　　　　　　　　　　　　No. 0431221

购货单位	名 称	大众汽车厂	纳税人登记号	××××010033889053
	地址电话	×市胜利路 2 号 3854869	开户银行及账号	市支行 329—136

货物或应税劳务名称	计量单位	数量	单价	金 额									税 率	金 额								
				百	十	万	千	百	十	元	角	分	%	百	十	万	千	百	十	元	角	分
M 产品	件	1 500	100	¥	1	5	0	0	0	0	0	0	17		¥	2	5	5	0	0	0	0
合 计				¥	1	5	0	0	0	0	0	0			¥	2	5	5	0	0	0	0

税价合计(大写)	壹拾柒万伍仟伍佰元整　　　　¥175 500.00		
销货单位 名 称	友华机械厂	纳税人登记号	××××010011008888
地址电话	建国路 1 号 2222222	开户银行及账号	市支行 578001880
备 注			

第四联　销货方记账

收款人：李丽　　　　　　　　开票单位(未盖章无效)友华机械厂

委托收款凭证(回单)

第××号

委托号码：××

委托日期 20××年 12 月 7 日　　　　　付款期限×年×月×日

付款人	全 称	大众汽车厂	收款人	全 称	友华机械厂
	账号或地址	329—136 ×市胜利路 2 号		账 号	578001880 建国路 1 号
	开户银行	×市支行		开户行	市支行

金 额	人民币(大写) 壹拾柒万伍仟伍佰元整			¥175 500.00	
款项内容	销售 M 产品	委托收款凭据名称	发票	附寄件	1
备 注					

业务号 020

收　　据

20××年 12 月 7 日　　　　No. ××

交款单位	张明		收款单位	友华机械厂								
摘　　要		年度	月份	百	十	万	千	百	十	元	角	分
还借款		××	12			¥	4	3	6	0	0	0
金额(大写)	肆仟叁佰陆拾元整											

二 财务记账

会计：王明　　出纳：李丽　　交款人：洪利

业务号 021

工商银行现金交款单(回单)

①第××号

科目　　　　20××年 12 月 7 日　　　　对方科目

收款单位	全称	友华机械厂	款项来源	还借款
	账号	578001880	交款部门	友华机械厂

人民币(大写)肆仟叁佰陆拾元整	十	万	千	百	十	元	角	分
		¥	4	3	6	0	0	0

票面	张数	万	千	百	十	元	角	分	票面	张数	万	千	百	十	元	角	分	
100 元	20		2	0	0	0	0	0	1 元									
50 元	20		1	0	0	0	0	0	5 角									
10 元	130		1	3	0	0	0	0	2 角									收款　司玉
5 元	10			5	0	0	0	0	1 角									复核××
2 元	5			1	0	0	0	0	分币									收款银行盖章略
合计金额											¥	4	3	6	0	0	0	

单位主管：××　　会计：××　　复核：宋明　记账：××

注：将现金存入银行

业务号 022

收　　据

20××年 12 月 7 日　　　　No. ××

交款单位	三星公司		收款单位	友华机械厂								
摘　　要		年度	月份	百	十	万	千	百	十	元	角	分
合同协议投资款		19××	12	¥	5	0	0	0	0	0	0	0
金额(大写)	伍拾万元整											

二 财务记账

会计：王明　　出纳：李丽　　交款人：石华

工商银行进账单(回单或收账通知)

20××年12月7日　　　　第××号

付款人	全　称	三星公司	收款人	全　称	友华机械厂					
	账　号	267—8532		账　号	578001880					
	开户银行	市支行		开户银行	市支行					
人民币(大写)	伍拾万元整		千	百	十	万	千	百	十	元	角	分
				¥	5	0	0	0	0	0	0	0
票据种类	汇　票	收款人开户银行盖章　略								
票据张数	1									
单位主管　会计　复核　记账										

8日

业务号023

增值税专用发票
发　票　联

开票日期：20××年12月8日　　　　No. 0431227

购货单位	名　称	友华机械厂	纳税人登记号	××××010011008888
	地址电话	市建国路1号 2222222	开户银行及账号	×市支行 578001880

货物或应税劳务名称	计量单位	数量	单价	金额	税率%	金额
甲材料	千克	1 400	60.00	¥84000000	17	¥1428000
合　计				¥84000000		¥1428000
税价合计(大写)	玖万捌仟贰佰捌拾元整　¥98 280.00					

销货单位	名　称	市第二物资公司	纳税人登记号	××××110060048811
	地址电话	上海路10号 2226051	开户银行及账号	市支行 527—248
备　注				

第二联　购货方记账

收款人：张新　　　　开票单位(未盖章无效)市第二物资公司

说明：此货款冲抵预付款

9日

业务号 024

收 料 单

供货单位：市物资公司　　凭证编号：××

发票号码：0431227　　20××年12月9日　　材料类别：××

材料编号	材料名称	材料规格	单位	数量		实际价格		计划价格		备注
				应收	实收	单价	金额	单价	金额	
	甲材料		千克	1 400	1 400			62	86 800	
合计(大写)		捌万陆仟捌百元整								

记账联

材料会计：张思　　保管：赵亮　　制单：张龙

业务号 025

中华人民共和国

税收缴款书

地

No 0040644

隶属关系：市属企业　　(95)吉地缴电

经济类型：国营经济(企业)　　填发日期：20××年12月9日　　征收机关：市地方税务局朝阳分局

缴款单位(人)	代码	0069	预算科目	款	城建税
	全称	友华机械工厂		项	
	开户银行			级次	市级
	账号		收款国库		朝阳支库

税款所属时期：20××年11月　日　　税款限缴日期　20××年12月10日

品目名称	课税数量	计税金额或销售收入	税率或单位税额	已缴或扣除额	实缴金额
增值税额	0	8 800.00	7%	0.00	616.00
金额合计	(大写)陆佰壹拾陆元整				

缴款单位(人)(盖章)(章)经办人(章)	税务机关(盖章)填票人(章)	上列款项已收妥并划转收款单位账户 国库(银行)盖章(章)20××年 12 月 9 日	备注：

逾期不缴按税法规定加收滞纳金

无银行收讫章无效

一联(收据)国库(经收处)收款盖章后退缴款单位(人)作完税凭证

中 华 人 民 共 和 国

税 收 缴 款 书

No 0040645

隶属关系：市属企业　　　　　　　　　　　　　　　　　(95)吉地缴电

经济类型：国营经济(企业)　填发日期：20××年12月9日　征收机关：市地方税务局朝阳分局

无银行收讫章无效

缴款单位(人)	代码	0069	预算科目	款	所得税
	全称	友华机械工厂		项	
	开户银行	市支行		级次	市级
	账号		收款国库		朝阳支库
税款所属时期：20××年11月　日			税款限缴日期　20××年12月10日		

品目名称	课税数量	计税金额或销售收入	税率或单位税额	已缴或扣除额	实缴金额
工业			25%	0.00	18 206.00
金额合计	(大写)				

缴款单位(人)(盖章)(章)经办人(章)	税务机关(盖章)填票人(章)	上列款项已收妥并划转收款单位账户 国库(银行)盖章(章)20××年　12　月　9　日	备注：

一联(收据)国库(经收处)收款盖章后退缴款单位(人)作完税凭证

逾期不缴按税法规定加收滞纳金

中 华 人 民 共 和 国

税 收 缴 款 书

(国)

No 0040644

(95)吉
国缴电字

隶属关系：市属企业

经济类型：国营经济　填发日期：20××年12月9日　征收机关：财政(春城国税朝阳分局)

无银行收讫章无效

缴款单位(人)	代码	0069	预算科目	款	增值税
	全称	友华机械工厂		项	一般增值税
	开户银行	市支行		级次	市级
	账号		收款国库		金库(朝阳支库)
税款所属时期：20××年11月　日			税款限缴日期　20××年12月10日		

品目名称	课税数量	计税金额或销售收入	税率或单位税额	已缴或扣除额	实缴金额
工业		16 185 000.00	17%	2 751 450.00	8 800.00
金额合计	(大写)　捌仟捌佰元整				8 800.00

缴款单位(人)(盖章)(章)经办人(章)	税务机关(盖章)填票人(章)	上列款项已收妥并划转收款单位账户 国库(银行)盖章(章)20××年　12　月　9　日	备注：

一联(收据)国库(经收处)收款盖章后退缴款单位(人)作完税凭证

逾期不缴按税法规定加收滞纳金

中华人民共和国

税收缴款书

No 0437876

(95)吉

国缴电字

隶属关系：市属企业

经济类型：国营经济　　填发日期：20××年12月9日　　征收机关：财政(春城国税朝阳分局)

无银行收讫章无效

缴款单位(人)	代码	0069		预算科目	款	教育附加费
	全称	友华机械工厂			项	
	开户银行	市支行			级次	市级
	账号			收款国库		金库(朝阳支库)
税款所属时期：20××年11月　日　　税款限缴日期　20××年12月10日						
品目名称	课税数量	计税金额或销售收入	税率或单位税额	已缴或扣除额	实缴金额	
增值税额		8 800.00	3%		264.00	
金额合计	(大写)　贰佰陆拾肆元整				264.00	
缴款单位(人)(盖章)(章)经办人(章)	税务机关(盖章)填票人(章)	上列款项已收妥并划转收款单位账户　国库(银行)盖章(章)20××年12月9日			备注：	

一联(收据)国库(经收处)收款盖章后退缴款单位(人)作完税凭证

逾期不缴按税法规定加收滞纳金

注：上缴11月应交增值税 8 800元；
城建税　616元；
所得税　18 206元；
教育费附加　264元。

业务号 026

中国工商银行转账支票存根

支票号码　×××

科　　目＿＿＿＿＿＿

对方科目＿＿＿＿＿＿

签发日期 20××年12月9日

收款人：华光物资公司
金　额：29 484.00
用　途：付乙材料款
备　注：

单位主管　　会计

复　　核　　记账

增值税专用发票
发　票　联

开票日期：20××年12月9日　　　　No. 02245813

购货单位	名　称	友华机械厂			纳税人登记号	××××010011008888		
	地址电话	市建国路1号2222222			开户银行及账号	市支行678001880		
货物或应税劳务名称		计量单位	数量	单价	金额	税率%	金额	
乙材料		千克	900	28	¥25 200.00	17	¥4 284.00	
合　计					¥25 200.00		¥4 284.00	
税价合计(大写)		贰万玖仟肆佰捌拾肆元整　¥29 484.00						
销货单位	名　称	华光物资公司			纳税人登记号	××××01001102116		
	地址电话	幸福路6号8076541			开户银行及账号	市支行224764		
备　注								

第二联　购货方记账

收款人：沈红　　　　开票单位(未盖章无效)华光物资公司

业务号027

收　料　单

供货单位：华光物资公司　　　　编号：××

发票号码：02245813　　　　20××年12月9日　　　　材料类别：××

材料编号	材料名称	材料规格	单位	数量 应收	数量 实收	实际价格 单价	实际价格 金额	计划价格 单价	计划价格 金额	备注
	乙材料		千克	900	900	28	25 200			
合计(大写)		贰万伍仟贰佰元整								

记账联

材料会计：张思　　　　保管：赵亮　　　　制单：张龙

10日

业务号028

中国工商银行转账支票存根

支票号码　×××

科　　目________

对方科目________

签发日期 20××年12月10日

收款人：前进商店
金　额：2 581.00
用　途：付办公用品款
备　注：

单位主管　　会计

复　　核　　记账

注：受益单位。

一车间：844.00

二车间：210.00

机修车间：217.00

供暖车间：249.00

厂　　部：872.00

运输部门：189.00

××市商业企业统一发票
发　票　联

购货单位：友华机械厂　　　　20××年12月10日

同意报销　管佳 10/12

No. 6074035

货号	品名规格	单位	数量	单价	金额 百	十	万	千	百	十	元	角	分	备注
	办公用品						¥	2	5	8	1	0	0	
合计人民币（大写）	贰仟伍佰捌拾壹元整										¥2 581.00			

第二联　发票联

填票人：王小利　　　收款人：刘××　　　企业盖章：前进商店

业务号 029

工商银行进账单(回单或收账通知)

20××年12月10日

付款人	全称	××银行	收款人	全称	友华机械厂
	账号	139—5588		账号	578001880
	开户银行	市支行		开户银行	市支行

人民币（大写）	千	百	十	万	千	百	十	元	角	分
壹拾万元整		¥	1	0	0	0	0	0	0	0

票据种类	支　票	收款开户银行盖章　略
票据张数	1	
单位主管　会计　复核　记账		

借　款　合　同

20××年12月10日

借款单位名称	友华机械厂	借款期限	三个月
借款用途	流动资金借款	利率	年息 9%
借款金额	人民币（大写） 壹拾万元整		¥100 000.00
信贷员签章 ×××	行长签章 ×××	借款单位签章	友华机械厂

12 日

业务号 030

中国工商银行转账支票存根
支票号码 ×××
科　　目＿＿＿＿＿＿
对方科目＿＿＿＿＿＿
签发日期 20××年 12 月 12 日

收款人：汽车加油站
金　额：1 000.00
用　途：购汽油款
备　注：

单位主管　　　　会计
复　　核　　　　记账

受益单位：
厂部：140 元
运输部门：860 元

××市商业企业统一发票

发　票　联

购货单位：友华机械厂　　　　20××年 12 月 12 日　　　　No. 1047686

货号	品 名 规 格	单位	数量	单价	金额								备注
					十	万	千	百	十	元	角	分	
	90# 汽油	公斤	28	5.00				1	4	0	0	0	小车用
	70# 汽油	公斤	215	4.00				8	6	0	0	0	货车用
	合　计					¥	1	0	0	0	0	0	
合计人民币(大写)	壹仟元整									¥1 000.00			

第二联 发票联

填票人：时华　　　　收款人：黄群　　　　企业盖章：汽车加油站

13 日

业务号 031

中国工商银行转账支票存根
支票号码 ×××
科　　目＿＿＿＿＿＿
对方科目＿＿＿＿＿＿
签发日期 20××年 12 月 13 日

收款人：市运输公司
金　额：423.00
用　途：付乙材料运费
备　注：

单位主管　　　　会计
复　　核　　　　记账

中国工商银行转账支票存根
支票号码 ×××
科　　目＿＿＿＿＿＿
对方科目＿＿＿＿＿＿
签发日期 20××年 12 月 13 日

收款人：生产资料公司
金　额：27 144.00
用　途：付乙材料款
备　注：

单位主管　　　　会计
复　　核　　　　记账

增值税专用发票
发　票　联

开票日期：20××年12月13日　　　　No. 002995667

购货单位	名　称	友华机械厂	纳税人登记号	××××010011008888
	地址电话	市建国路1号2222222	开户银行及账号	市支行578001880

货物或应税劳务名称	计量单位	数量	单价	金额									税率%	金额								
				百	十	万	千	百	十	元	角	分		百	十	万	千	百	十	元	角	分
乙材料	千克	800	29		¥	2	3	2	0	0	0	0	17			¥	3	9	4	4	0	0
合　计					¥	2	3	2	0	0	0	0				¥	3	9	4	4	0	0

税价合计(大写)	贰万柒仟壹佰肆拾肆元整　　¥27 144.00			
销货单位 名　称	生产资料公司	纳税人登记号	××××01009004676	
地址电话	大桥路32号4067976	开户银行及账号	大桥分理处69—11	
备　注				

第二联 购货方记账

收款人：××　　　　开票单位(未盖章无效)生产资料公司

运费统一结算发票

单位：友华机械厂　　　　20××年12月13日　　　　运字：××

货物名称	单位	数量	公　里	吨公里	运率	金　额
乙材料						423.00
合计(大写)	肆佰贰拾叁元整					¥423.00

发票联

会计：××　　出纳：××　　制单：××

业务号032

收　料　单

供货单位：生产资料公司　　　　编号：××

发票号码：00295667　　　　20××年12月13日　　　　材料类别：××

材料编号	材料名称	材料规格	单位	数量		实际价格		计划价格		备注
				应收	实收	单价	金额	单价	金额	
		乙材料	千克	800	800	29.53	23 624			
合计(大写)		贰万叁仟陆佰贰拾肆元整								

记账联

材料会计：赵亮　　保管：张思　　制单：××

14 日

业务号 033

增值税专用发票
发　票　联

开票日期：20××年 12 月 14 日　　　　No. 00295667

购货单位	名　称	华阳机械厂	纳税人登记号	××××010894320089
	地址电话	解放路 3678922	开户银行及账号	解办 87960128

货物或应税劳务名称	计量单位	数量	单价	金额 百	十	万	千	百	十	元	角	分	税率 %	金额 百	十	万	千	百	十	元	角	分
H 产品	件	500	100		¥	5	0	0	0	0	0	0	17			¥	8	5	0	0	0	0
合　计					¥	5	0	0	0	0	0	0				¥	8	5	0	0	0	0

税价合计(大写)	伍万捌仟伍佰元整　　¥58 500.00			
销货单位 名　称	友华机械厂	纳税人登记号	××××010011008888	
地址电话	建国路 1 号 2222222	开户银行及账号	市支行 578001880	
备　注				

第四联　购货方记账

收款人：李丽　　　　开票单位(未盖章无效)友华机械厂

工商银行进账单(回单或收账通知)

20××年 12 月 14 日　　　　第××号

付款人	全　称	华阳机械厂	收款人	全　称	友华机械厂
	账　号	87960128		账　号	578001880
	开户银行	解放路办事处		开户银行	市支行

人民币(大写)	千	百	十	万	千	百	十	元	角	分
伍万捌仟伍佰元整			¥	5	8	5	0	0	0	0

票据种类	支　票	
票据张数	1	
单位主管　会计　复核　记账		收款人开户银行盖章　略

业务号 034

运费统一结算发票

单位：新新物资公司　　　　20××年 12 月 14 日　　　　运字：××

货物名称	单位	数量	公　里	吨公里	运率	金　额
材料运费						13 600.00
合计(大写)	壹万叁仟陆佰元整					¥13 600.00

记账联

会计：××　　出纳：××　　制单：××　　　友华机械厂(章)

工商银行进账单(回单或收账通知)

20××年12月14日　　　　第××号

付款人	全　称	新新物资公司	收款人	全　称	友华机械厂
	账　号	127—4466		账　号	578001880
	开户银行	市支行		开户银行	市支行

人民币（大写）	千	百	十	万	千	百	十	元	角	分
壹万叁仟陆佰元整			¥	1	3	6	0	0	0	0

票据种类	支　票	收款人开户银行盖章
票据张数	1	
单位主管　会计　复核　记账		

15日

业务号035

中国工商银行转账支票存根

支票号码　×××

科　　目________

对方科目________

签发日期 20××年12月15日

收款人：××医院
金　额：1 230.00
用　途：住院费
备　注：

单位主管　　　　会计

复　　核　　　　记账

××市医疗机构住院收费专用票据

姓名 毕长安　住院病志号　　　20××年12月15日　　　No.0007751

项　目	取暖费	住院费	西药费	中药费	治疗费	检验费	X光费	输血费	输气费
金　额		390.00	300.00	200.00	280.00	10.00	50.00		
项　目	手术费	接生费	婴儿费						
金　额									
人民币大写	壹仟贰佰叁拾元整　　¥1 230.00								
入出院时间	自 10月15日 起 至 12月15日 止			共60天	预缴金补(退)		医院收费章		

二收据

长卫财表　　　复核人：印　收款人：印　结算人：印

业务号 036

委托收款凭证(收账通知)　　4

第×号
委托号码：××

委托日期　20××年 11 月 29 日　　付款期限 20××年 12 月 10 日

付款人	全　称	前进厂	收款人	全　称	友华机械厂	
	账　号	212—4666		账　号	578001880	
	开户银行	×市支行		开户银行	市支行	行号

委托金额	人民币(大写)　壹拾万零伍仟伍佰捌拾元整	千	百	十	万	千	百	十	元	角	分
			¥	1	0	5	5	8	0	0	0

款项内容	M 产品销售款	委托收款凭据名称	发票及运杂费票	附寄件	2
备　注	1. 2. 略 3.	上　列　款　项 收款人开户行盖章　20××年 12 月 15 日			

单位主管：×××　　会计×××　　复核：×××　　记账：×××

16 日

业务号 037

增值税专用发票
记　账　联

开票日期：20××年 12 月 16 日　　No. ××

购货单位	名　称	跃新厂			纳税人登记号	××××987650439909																			
	地址电话	南京路 3 号 3758435			开户银行及账号	市支行 879—367																			
货物或应税劳务名称		计量单位	数量	单价	金额									税率%	金额										
					百	十	万	千	百	十	元	角	分		百	十	万	千	百	十	元	角	分		
M 产品		件	2 500	100	¥	2	5	0	0	0	0	0	0	17	¥	4	2	5	0	0	0	0			
合　计					¥	2	5	0	0	0	0	0	0		¥	4	2	5	0	0	0	0			
税价合计(大写)		贰拾玖万贰仟伍佰元整　¥292 500.00																							
销货单位	名　称	友华机械厂			纳税人登记号	××××010011008888																			
	地址电话	建国路 1 号 2222222			开户银行及账号	市支行 578001880																			
备　注																									

第四联　销货方记账

收款人：李丽　　开票单位(未盖章无效)友华机械厂

工商银行进账单(回单或收账通知)

20××年12月16日　　　　第××号

付款人	全　称	跃新厂	收款人	全　称	友华机械厂					
	账　号	879—367		账　号	578001880					
	开户银行	市支行		开户银行	市支行					
人民币（大写）	贰拾玖万贰仟伍佰元整		千	百	十	万	千	百	十	元	角	分
				¥	2	9	2	5	0	0	0	0
票据种类	支　票	收款人开户银行盖章　略								
票据张数	1									
单位主管　会计　复核　记账										

17日

业务号038

委托收款凭证(收账通知)

4

第×号

委托号码：××

委托日期　20××年11月30日　　付款期限20××年12月20日

付款人	全　称	商贸公司	收款人	全　称	友华机械厂	
	账　号	8619117		账　号	578001880	
	开户银行	×市工商新分处		开户银行	市支行	行号
委托金额	人民币(大写)　壹万伍仟元整				千百十万千百十元角分	
					¥1500000	
款项内容	M产品销售款	委托收款凭据名称	发票	附寄件	1	
备　注	上列款项 1. 2. 略 3.　　收款人开户行盖章　20××年12月17日					

单位主管：×××　　会计×××　　复核：×××　　记账：×××

18 日

业务号 039

中国工商银行转账支票存根
支票号码 ×××
科　　目＿＿＿＿＿
对方科目＿＿＿＿＿
签发日期 20××年 12 月 18 日

收款人：市物资公司
金　额：280 800.00
用　途：付甲材料款
备　注：

单位主管　　会计
复　　核　　记账

中国工商银行转账支票存根
支票号码 ×××
科　　目＿＿＿＿＿
对方科目＿＿＿＿＿
签发日期 20××年 12 月 18 日

收款人：市运输公司
金　额：3 200.00
用　途：付甲材料运费
备　注：

单位主管　　会计
复　　核　　记账

运费统一结算发票

单位：友华机械厂　　20××年 12 月 18 日　　运字：××

货物名称	单位	数量	千　米	吨千米	运率	金　　额
甲材料						3 200.00
合计(大写)	叁仟贰佰元整					￥3 200.00

记账联

会计：××　　出纳：××　　制单：××

增值税专用发票
发　票　联

开票日期：20××年 12 月 18 日　　No. 0432875

购货单位	名　称	友华机械厂			纳税人登记号	××××010011008888
	地址电话	市建国路 1 号 2222222			开户银行及账号	市支行 578001880

货物或应税劳务名称	计量单位	数量	单价	金额 百	十	万	千	百	十	元	角	分	税率 %	税额 百	十	万	千	百	十	元	角	分
甲材料	千克	4 000	60	￥	2	4	0	0	0	0	0	0	17		￥	4	0	8	0	0	0	0
合　计																						
税价合计(大写)	贰拾捌万零捌佰元整　￥280 800.00																					

销货单位	名　称	市物资公司	纳税人登记号	××××010010148511
	地址电话	北京路 10 号 2222101	开户银行及账号	市支行 527—248
备　注				

第二联　购货方记账

收款人：张新　　开票单位(未盖章无效)市物资公司

业务号 040

收　料　单

供货单位：市物资公司　　　　　　　　　　　　凭证编号：××
发票号码：0432875　　　20××年 12 月 18 日　　　材料类别：××

材料编号	材料名称	材料规格	单位	数量		实际价格		计划价格		备注
				应收	实收	单价	金额	单价	金额	
		甲材料	千克	4 000	4 000			62	248 000	
合计(大写)		贰拾肆万捌仟元整								

记账联

材料会计：张思　　　保管：赵亮　　　制单：张思

业务号 041

增值税专用发票
记　账　联

开票日期：20××年 12 月 18 日　　　　　　　　No. ××

购货单位	名　称	金星机修厂	纳税人登记号	××××001012445516
	地址电话	×市前进路 110 号 2763731	开户银行及账号	×市支行 267981

货物或应税劳务名称	计量单位	数量	单价	金额									税率%	金额								
				百	十	万	千	百	十	元	角	分		百	十	万	千	百	十	元	角	分
H 产品	件	200	100		¥	2	0	0	0	0	0	0	17			¥	3	4	0	0	0	0
合　计					¥	2	0	0	0	0	0	0	17			¥	3	4	0	0	0	0

税价合计(大写)	贰万叁仟肆佰元整　　¥23 400.00			
销货单位 名　称	友华机械厂	纳税人登记号	××××01001008888	
销货单位 地址电话	建国路 1 号 2222222	开户银行及账号	市支行 578001880	
备　注				

第四联　购货方记账

收款人：李丽　　　　开票单位(未盖章无效)友华机械厂

注：分期收款销货

工商银行进账单(回单或收账通知)

20××年 12 月 18 日　　　　　　　　第××号

付款人	全　称	金星机修厂	收款人	全　称	友华机械厂
	账　号	267981		账　号	578001880
	开户银行	×市支行		开户银行	市支行

人民币(大写)	千	百	十	万	千	百	十	元	角	分
贰万叁仟肆佰元整			¥	2	3	4	0	0	0	0

票据种类	支　票	
票据张数	1	
单位主管　会计　复核　记账		收款人开户银行盖章　略

19 日

业务号 042

中国工商银行转账支票存根
支票号码 ×××
科　　目____________
对方科目____________
签发日期 20××年 12 月 19 日

收款人：鲁予修理厂
金　额：1 810.00
用　途：付修车款
备　注：

单位主管　　　　会计
复　　核　　　　记账

××市工业企业统一发票
发　票　联

同意报销　管佳 19/12

购货单位：友华机械厂　　　　20××年 12 月 19 日　　　　No. 104984

货号	品 名 规 格	单位	数量	单价	金额									备注
					百	十	万	千	百	十	元	角	分	
	小车修理费(厂部)							¥	3	1	0	0	0	
	汽车修理费(运输)						¥	1	5	0	0	0	0	
合计人民币(大写)	壹仟捌佰壹拾元整										¥1 810.00			

第二联　发票联

填票人：马芳　　　　收款人：茅广　　　　企业盖章：鲁予修理厂

注：小汽车修理费厂部承担；汽车修理费运输部门承担。

业务号 043

中国工商银行转账支票存根
支票号码 ×××
科　　目____________
对方科目____________
签发日期 20××年 12 月 19 日

收款人：市金属材料公司
金　额：15 795.00
用　途：付乙材料款
备　注：

单位主管　　　　会计
复　　核　　　　记账

中国工商银行转账支票存根
支票号码 ×××
科　　目____________
对方科目____________
签发日期 20××年 12 月 19 日

收款人：运输公司
金　额：230.00
用　途：付乙材料运费
备　注：

单位主管　　　　会计
复　　核　　　　记账

增值税专用发票
发　票　联

开票日期：20××年12月19日　　　　No. 01387678

购货单位	名　称	友华机械厂	纳税人登记号	××××010011008888
	地址电话	市建国路1号 2222222	开户银行及账号	市支行 578001880

货物或应税劳务名称	计量单位	数量	单价	金额									税率 %	金额								
				百	十	万	千	百	十	元	角	分		百	十	万	千	百	十	元	角	分
乙材料	千克	500	27			1	3	5	0	0	0	0	17				2	2	9	5	0	0
合　计					¥	1	3	5	0	0	0	0				¥	2	2	9	5	0	0
税价合计(大写)	壹万伍仟柒佰玖拾伍元整　¥15 795.00																					

销货单位	名　称	市金属材料公司	纳税人登记号	××××010011007671
	地址电话	北京路10号	开户银行及账号	市北分理处 21767
备　注				

第二联　购货方记账

收款人：董志　　　　开票单位(未盖章无效)金属材料公司

运费统一结算发票

单位：友华机械厂　　　　20××年12月19日　　　　运字：××

货物名称	单位	数量	千　米	吨千米	运率	金　额
乙材料						230.00
合计(大写)	贰佰叁拾元整					¥230.00

发票联

会计：××　　出纳：××　　制单：××　　运输公司(章)

业务号044

收　料　单

供货单位：金属材料公司　　　　编号：××

发票号码：01387678　　　　20××年12月19日　　　　材料类别：××

材料编号	材料名称	材料规格	单位	数量		实际价格		计划价格		备注
				应收	实收	单价	金额	单价	金额	
		乙材料	千克	500	500	27.46	13 730			
合计(大写)		壹万叁仟柒佰叁拾元整								

记账联

材料会计：张思　　保管：赵亮　　制单：张思

业务号 045

工商银行进账单(回单或收账通知)

20××年 12 月 19 日　　　　第××号

付款人	全称	海玉公司	收款人	全称	友华机械厂
	账号	587—896		账号	578001880
	开户银行	市支行		开户银行	市支行

人民币(大写)	千	百	十	万	千	百	十	元	角	分
壹万贰仟元整			¥	1	2	0	0	0	0	0

票据种类	支票	收款人开户银行盖章　略
票据张数	1	
单位主管　会计　复核　记账		

运费统一结算发票

单位：海玉公司　　　　20××年 12 月 19 日　　　　运字：××

货物名称	单位	数量	千米	吨千米	运率	金额
仪器运费						12 000.00
合计(大写)	壹万贰仟元整					¥12 000.00

记账联

会计：王明　　出纳：李丽　　制单：××

21 日

业务号 046

运费统一结算发票

单位：友华机械厂　　　　20××年 12 月 21 日　　　　运字：××

货物名称	单位	数量	千米	吨千米	运率	金额
乙材料						270.00
合计(大写)	贰佰柒拾元整					¥270.00

记账联

会计：××　　出纳：××　　制单：××

增值税专用发票
发 票 联

开票日期：20××年12月21日　　　　No. 01387721

购货单位	名称	友华机械厂				纳税人登记号	××××010011008888	
	地址电话	市建国路1号 2222222				开户银行及账号	市支付 578001880	
货物或应税劳务名称		计量单位	数量	单价	金额（百十万千百十元角分）	税率 %	金额（百十万千百十元角分）	
乙材料		千克	600	27	1620000	17	275400	
合计					¥1620000		¥275400	
税价合计(大写)		壹万捌仟玖佰伍拾肆元整　¥18 954.00						
销货单位	名称	市金属材料公司				纳税人登记号	××××010011007671	
	地址电话	北京路10号				开户银行及账号	市北分理处 21767	
备注								

第二联 购货方记账

收款人：董志　　　　开票单位(未盖章无效)市金属材料公司

中国工商银行转账支票存根

支票号码　×××

科　　目________

对方科目________

签发日期 20××年12月21日

收款人：市运输公司
金　额：270.00
用　途：付乙材料运费
备　注：

单位主管　　会计

复　　核　　记账

中国工商银行转账支票存根

支票号码　×××

科　　目________

对方科目________

签发日期 20××年12月21日

收款人：市金属材料公司
金　额：18 954.00
用　途：付乙材料货款
备　注：

单位主管　　会计

复　　核　　记账

业务号047

收 料 单

供货单位：金属材料公司　　　　编号：××

发票号码：0432396　　20××年12月21日　　材料类别：××

材料编号	材料名称	材料规格	单位	数量		实际价格		计划价格		备注
				应收	实收	单价	金额	单价	金额	
		乙材料	件	600	600	27.45	16 470			
合计(大写)		壹万陆仟肆佰柒拾元整								

记账联

材料会计：张思　　保管：赵亮　　制单：张龙

22 日

业务号 048

工商银行进账单(回单或收账通知)

20××年 12 月 22 日　　　　第××号

付款人	全　称	新乐修理厂	收款人	全　称	友华机械厂						
	账　号	456—876		账　号	578001880						
	开户银行	市支行		开户银行	市支行						
人民币(大写)	叁万壹仟叁佰伍拾陆元整		千	百	十	万	千	百	十	元	角	分
					¥	3	1	3	5	6	0	0
票据种类	支　票	收款人开户银行盖章									
票据张数	1										
单位主管　会计　复核　记账											

增值税专用发票
记　账　联

开票日期：20××年 12 月 22 日　　　　No. 0431230

购货单位	名　称	新乐修理厂		纳税人登记号	×××																			
	地址电话	×××		开户银行及账号	市支行 329—136																			
货物或应税劳务名称	计量单位	数量	单价	金额 百	十	万	千	百	十	元	角	分	税率%	金额 百	十	万	千	百	十	元	角	分		
配件	只	2 000	13.40			2	6	8	0	0	0	0	17				4	5	5	6	0	0		
合　计					¥	2	6	8	0	0	0	0	17			¥	4	5	5	6	0	0		
税价合计(大写)	叁万壹仟叁佰伍拾陆元整　¥31 356.00																							
销货单位	名　称	友华机械厂		纳税人登记号	××××01001008888																			
	地址电话	建国路 1 号 2222222		开户银行及账号	市支行 578001880																			
备　注																								

第四联 销货方记账

收款人：李丽　　　　开票单位(未盖章无效)友华机械厂

业务号 049

中国工商银行转账支票存根

支票号码　×××

科　　目____________

对方科目____________

签发日期 20××年 12 月 22 日

收款人：红旗加工厂
金　额：1 755.00
用　途：包装箱加工费
备　注：

单位主管　　　　会计

复　　核　　　　记账

增值税专用发票
发　票　联

开票日期：20××年 12 月 22 日　　　　No. ××

购货单位	名　称	友华机械厂	纳税人登记号	××××010011008888
	地址电话	建国路 1 号 2222222	开户银行及账号	市支行 578001880

货物或应税劳务名称	计量单位	数量	单价	金额 百	十	万	千	百	十	元	角	分	税率 %	金额 百	十	万	千	百	十	元	角	分
加工包装箱	只	500	3.00				1	5	0	0	0	0	17					2	5	5	0	0
合　计						¥	1	5	0	0	0	0					¥	2	5	5	0	0
税价合计(大写)	壹仟柒佰伍拾伍元整　¥1 755.00																					

销货单位	名　称	红旗加工厂	纳税人登记号	×××
	地址电话	×××	开户银行及账号	×××
备　注				

第二联　购货方记账

收款人：敦利　　　　开票单位(未盖章无效)红旗加工厂

业务号 050

收　料　单

供货单位：红旗加工厂　　　　编号：××

发票号码：×××　　　　20××年 12 月 22 日　　　　材料类别：××

材料编号	材料名称	材料规格	单位	数量 应收	数量 实收	实际价格 单价	实际价格 金额	计划价格 单价	计划价格 金额	备注
		包装箱	只	500	500	15	7 500			
合计(大写)		柒仟伍佰元整								

记账联

材料会计：张思　　　保管：赵亮　　　记账：张龙

业务号 051

增值税专用发票
记　账　联

开票日期：20××年 12 月 22 日　　　　No. ××

购货单位	名　称	开源厂	纳税人登记号	××××478909876543
	地址电话	×××	开户银行及账号	×××

货物或应税劳务名称	计量单位	数量	单价	金额	税率%	金额
M 产品	件	2000	100	200000.00	17	34000.00
合　计				￥200000.00		￥34000.00
税价合计(大写)	贰拾叁万肆仟元整　￥234 000.00					

销货单位	名　称	友华机械厂	纳税人登记号	××××01001008888
	地址电话	建国路 1 号 2222222	开户银行及账号	市支行
备　注	(2/10 折让，全/30)			

第四联　销货方记账

收款人：李丽　　　　开票单位(未盖章无效)友华机械厂

委托收款凭证(回单)

第××号

委托日期 20××年 12 月 22 日　　付款期限 20××年×月×日

委托号码：××

付款人	全　称	××开源厂	收款人	全　称	友华机械厂
	账号或地址	××		账　号或地址	578001880 建国路 1 号
	开户银行	××		开户行	市支行
金　额	人民币(大写)　贰拾叁万肆仟元整				￥234 000.00
款项内容	M 产品	委托收款凭据名称	发票	附寄件	1
备　注	(2/10 折让，全/30)				

24 日

业务号 052

中国工商银行转账支票存根

支票号码　×××

科　　目＿＿＿＿＿＿

对方科目＿＿＿＿＿＿

签发日期 20××年 12 月 24 日

收款人：广播电视公司
金　额：2 900.00
用　途：广告费
备　注：张　军

单位主管　　　会计

复　　核　　　记账

××市商业企业统一发票

发　票　联

购货单位：友华机械厂　　　20××年12月24日　　　No.××

货号	品名规格	单位	数量	单价	金额									备注
					百	十	万	千	百	十	元	角	分	
	广告费						¥	2	9	0	0	0	0	
合计人民币(大写)　贰仟玖佰元整										¥2 900.00				

第二联　发票联

填票人：李玲　　　收款人：张军　　　企业盖章：广播电视公司

业务号053

商业承兑汇票

签发日期：20××年12月24日

收款人	全称	××市新民配件厂	付款人	全称	友华机械厂
	账号	47—6688		账号	578001880
	开户银行	工商行×市分行营业所		开户银行	工商行×市支行

汇票金额	人民币(大写)　壹万柒仟伍佰伍拾元整	千	百	十	万	千	百	十	元	角	分
				¥	1	7	5	5	0	0	0

汇票到期日	20××年3月31日	交易合同号码	合商81号
本汇票已经本单位承兑到期日无条件支付票款。 此致 收款人 付款人盖章 负责　　年　月　日		汇款签发人盖章：友华机械厂 负责　　经办：李丽	

业务号054

运费统一结算发票

单位：友华机械厂　　　20××年12月24日　　　运字：××

货物名称	单位	数量	千米	吨千米	运率	金额
甲材料						3 250.00
合计(大写)	叁仟贰佰伍拾元整					¥3 250.00

发票联

会计：××　出纳：××　　　单位盖章：裕兴公司

电

承付
中国人民银行托收承付结算凭证(支款通知)5

第×号
托收号码××

委托日期：20××年12月24日

承付期限
到期20××年12月25日

收款单位	全称	裕兴公司	付款单位	全称	友华机械厂
	账号	325—968		账号地址	578001880 建国路1号
	开户银行	××市支行		开户银行	××市支行
托收金额	人民币(大写)	叁拾伍万肆仟贰佰伍拾元整			¥354 250.00
付件		商品发运情况		合同名称号码	
附寄单证张数或册数	2				
备注	银行结算章		付款单位注意： 1. 根据结算方式规定，上列托收款项，如超过承付期限并未拒付时，即视同全部承付。如系全额支付即以此联代交款通知；如遇延付或部分支付时，再由银行另送延付或部分支付的交款通知。 2. 如需提前承付或多承付时，应另写书面通知送银行办理。 3. 如系全部或部分拒付，应在承付期限内另填拒绝承付理由书面送银行办理。		

单位主管：×× 会计：×× 复核：×× 记账：×× 付款单位开户行盖章： 年 月 日

增值税专用发票
发票联

开票日期：20××年12月24日 No. 035694

购货单位	名称	友华机械厂			纳税人登记号	××××010011008888
	地址电话	市建国路1号2222222			开户银行及账号	市支行578001880
货物或应税劳务名称	计量单位	数量	单价	金额	税率%	金额
甲材料	千克	5 000	60	300 000.00	17	51 000.00
合计				¥300 000.00		¥51 000.00
税价合计(大写)	叁拾伍万壹仟元整 ¥351 000.00					
销货单位	名称	裕兴公司			纳税人登记号	××××010011003529
	地址电话	×××			开户银行及账号	×××市支行325—968
备注						

第二联 购货方记账

收款人：×× 开票单位(未盖章无效)裕兴公司

业务号 055

收　料　单

供货单位：裕兴公司　　　　　　　　　　　　　　　　　　　编号：××

发票号码：035694　　　　　20××年 12 月 24 日　　　　　　材料类别：××

材料编号	材料名称	材料规格	单位	数量		实际价格		计划价格		备注
				应收	实收	单价	金额	单价	金额	
		甲材料	千克	5 000	5 000			62	310 000	
合计(大写)		叁拾壹万元整								

记账联

材料会计：张思　　　　保管：赵亮　　　　记账：张龙

业务号 056

托收无承付凭证(付款通行)

1　第××号

20××年 12 月 24 日　　　　　　付款期限 20××年×月×日

付款人	全　称	友华机械厂	收款人	全　称	供电局
	账号或地址	518—128		账号或地址	675—643
	开户银行	市支行		开户行	市支行
金　额	人民币(大写)　壹拾壹万肆仟壹佰捌拾玖元陆角陆分				¥114 189.66
款项内容	电费	收款凭据名称	发票	附寄件	1
备　注	付款人开户行盖章 20××年 12 月 24 日				

增值税专用发票
发　票　联

开票日期：20××年 12 月 24 日　　　　　　　　　　　　　No. 0244455

购货单位	名　称	友华机械厂			纳税人登记号	××××010011008888
	地址电话	市建国路 1 号 2222222			开户银行及账号	市支行 578001880
货物或应税劳务名称		计量单位	数量	单价	金额	税率 %	金额
工业用电		度	243 995	0.4	97 598.00	17	16 591.66
合　计					¥97 598.00		¥16 591.66
税价合计(大写)		壹拾壹万肆仟壹佰捌拾玖元陆角陆分　¥114 189.66					
销货单位	名　称	供电局			纳税人登记号	××××013456786548
	地址电话	×××			开户银行及账号	市支行 678—643
备　注						

第二联　购货方记账

收款人：赵小兰　　　　开票单位(未盖章无效)供电局

业务号 057 注：经清查核实华兴公司原欠运杂费 300 元，已挂账三年未能收回，该单位领导几次找不到，无法落实，确属收不回，按规定列作坏账损失处理。

25 日

业务号 058

固定次产清理鉴定报告单

20××年 12 月 25 日

<table>
<tr><td colspan="2">固定资产名称</td><td colspan="2">车　床</td><td colspan="2">型　号</td><td>cb16</td><td>单　位</td><td>台</td><td>数　量</td><td>1</td></tr>
<tr><td>原价</td><td>30 000.00</td><td>已提折旧</td><td colspan="2">29 000.00</td><td>净值</td><td colspan="2">1 000.00</td><td>予计使用年限</td><td>8</td><td>已经使用年限</td><td>8</td></tr>
<tr><td rowspan="2">清理原因及鉴定</td><td colspan="2" rowspan="2">已到使用年限失去使用价值</td><td rowspan="2">财务部门意见</td><td colspan="2" rowspan="2">同意技术部门鉴定意见，可报废处理请厂长批复。</td><td rowspan="2">厂长审批意见</td><td colspan="2" rowspan="2">按报告清理处理并上报</td><td colspan="2">备　注</td></tr>
<tr><td colspan="2"></td></tr>
<tr><td colspan="3">技术鉴定人：李民
负责人：许一</td><td colspan="3">财务会计：蒋莉
负责人：穆平</td><td colspan="3">厂长：管佳</td><td colspan="2"></td></tr>
</table>

报　　告

市财政局：

我厂经清查发现一台机床已年久属技术不符要求需淘汰，经厂有关部门鉴定及厂长批准，申请报废，特此报告，请予批复。

（附清理报告单）

友华机械厂财务科

20××年 12 月 25 日

业务号 059

固定资产清理报告单

20××年 12 月 25 日

名称	原　值	已提折旧	净　值	收回净残值	原　因	厂长签批
机床	30 000.00	29 000.00	1 000.00	2 000.00	报　废	同意　管佳

收　　料　　单

供货单位：　　　　编号：

发票号码：　　20××年 12 月 25 日　　材料类别：

材料编号	材料名称	材料规格	单位	数量		实际价格		计划价格		备注
				应收	实收	单价	金额	单价	金额	
	残料						2 000.00			

材料会计：　　　保管：　　　制单：

业务号 060

××市工业企业统一发票

发　　票　　联

报列固定资产清理管佳　25/12

购货单位：友华机械厂　　20××年 12 月 25 日　　No. ××

货号	品名规格	单位	数量	单价	金额									备注
					百	十	万	千	百	十	元	角	分	
	清理工费							¥	8	0	0	0	0	
合计人民币（大写）	捌佰元整										¥800.00			

第二联　发票联

填票人：宋军　　收款人：施旭　　企业盖章：新星设备安装公司

业务号 061

增值税专用发票
记　　账　　联

开票日期：20××年12月25日　　　　No. ××

购货单位	名称	华新厂				纳税人登记号	××××987766544343
	地址电话	×××				开户银行及账号	××××
货物或应税劳务名称		计量单位	数量	单价	金额（百十万千百十元角分）	税率%	金额（百十万千百十元角分）
H产品		件	800	100	8000000	17	1360000
合计					¥8000000		¥1360000
税价合计(大写)		玖万叁仟陆佰元整　¥93 600.00					
销货单位	名称	友华机械厂				纳税人登记号	××××01001008888
	地址电话	建国路1号2222222				开户银行及账号	市支行578001880
备注							

第四联　销货方记账

收款人：李丽　　　　开票单位(未盖章无效)友华机械厂

委托收款凭证(回单)

1　　　第××号

委托号码：××

委托日期20××年12月25日　　　付款期限20××年×月×日

付款人	全称	华南厂	收款人	全称	友华机械厂
	账号或地址	××		账号或地址	578001880
	开户银行	××		开户行	市支行
金额	人民币(大写)　玖万叁仟陆佰元整				¥93 600.00
款项内容	H产品	委托收款凭据名称	发票	附寄件	1
备注					

26日

业务号 062

财产馈赠证明

20××年12月26日　　　公证字1466号

长城公司向友华机械厂捐赠壹台复印机，经我公证处公证，手续完备、合法，估价壹万伍仟元整，特此证明。

×××公证处(章)

业务号 063

工商银行进账单(回单或收账通知)

20××年 12 月 26 日　　　　第××号

付款人	全　称	××公司	收款人	全　称	友华机械厂
	账　号	778—9896		账　号	578001880
	开户银行	市支行		开户银行	市支行

人民币(大写)	千	百	十	万	千	百	十	元	角	分
捌仟伍佰元整				¥	8	5	0	0	0	0

票据种类	支　票	
票据张数	1	
单位主管　会计　复核　记账		收款人开户银行盖章

运费统一结算发票

单位：××公司　　　　20××年 12 月 26 日　　　　运字：××

货物名称	单位	数量	千米	吨千米	运率	金　额
仪器运费						8 500.00
合计(大写)	捌仟伍佰元整					¥8 500.00

记账联

会计：王明　　出纳：李丽　　制单：××

27 日

业务号 064

工商银行汇票委托书(回单)

1

委托日期　20××年 12 月 27 日　　　　第××号

收款人	××市支行 友华机械厂采购站			汇款人	友华机械厂
账号或住址	18—6108			账号或住址	578001880
兑付地点	×省×市	兑付行	××支行	汇款用途	采购材料款

汇款金额	人民币(大写)	千	百	十	万	千	百	十	元	角	分
	伍万元整			¥	5	0	0	0	0	0	0

备注：(略)

业务号 065

增值税专用发票
记　账　联

开票日期：20××年12月27日　　　　No. 2044037

购货单位	名　称	大众汽车厂			纳税人登记号	××××01101434																	
	地址电话	团结路60号2310333			开户银行及账号	团结路分理处517—61																	
货物或应税劳务名称		计量单位	数量	单价	金额									税率%	金额								
					百	十	万	千	百	十	元	角	分		百	十	万	千	百	十	元	角	分
M产品		件	1 000	100		1	0	0	0	0	0	0	0	17			1	7	0	0	0	0	0
合　计					¥	1	0	0	0	0	0	0	0			¥	1	7	0	0	0	0	0
税价合计(大写)		壹拾壹万柒仟元整　　¥117 000.00																					
销货单位	名　称	友华机械厂			纳税人登记号	××××01001008888																	
	地址电话	建国路1号2222222			开户银行及账号	市支行578001880																	
备　注																							

第四联　销货方记账

收款人：李丽　　　　开票单位(未盖章无效)友华机械厂

28日

业务号 066

批　　复

友华机械厂计财科：

报告已审，同意××机床报废列入年终决算并做好账务处理。

市财政局

20××年12月28日

注：上述报废机床清理完毕，结转清理结果。

业务号 067

运费统一结算发票

单位：××公司　　　　20××年12月28日　　　　运字：××

货物名称	单位	数量	千　米	吨千米	运率	金　额
仪器运费						7 350.00
合计(大写)	柒仟叁佰伍拾元整					¥7 350.00

记账联

会计：王明　　出纳：李丽　　制单：××

工商银行进账单(回单或收账通知)

20××年12月28日　　第××号

<table>
<tr><td rowspan="3">付款人</td><td>全　称</td><td>××公司</td><td rowspan="3">收款人</td><td>全　称</td><td colspan="10">友华机械厂</td></tr>
<tr><td>账　号</td><td>345—876</td><td>账　号</td><td colspan="10">578001880</td></tr>
<tr><td>开户银行</td><td>市支行</td><td>开户银行</td><td colspan="10">市支行</td></tr>
<tr><td rowspan="2">人民币
(大写)</td><td colspan="2" rowspan="2">柒仟叁佰伍拾元整</td><td>千</td><td>百</td><td>十</td><td>万</td><td>千</td><td>百</td><td>十</td><td>元</td><td>角</td><td>分</td></tr>
<tr><td></td><td></td><td></td><td>¥</td><td>7</td><td>3</td><td>5</td><td>0</td><td>0</td><td>0</td></tr>
<tr><td>票据种类</td><td>支　票</td><td colspan="12" rowspan="3">收款人开户银行盖章</td></tr>
<tr><td>票据张数</td><td>1</td></tr>
<tr><td colspan="2">单位主管　会计　复核　记账</td></tr>
</table>

业务号 068

委托收款凭证(回单)

1　　第××号

委托号码：××

委托日期 20××年12月28日　　付款期限 20××年×月×日

<table>
<tr><td rowspan="3">付款人</td><td>全　称</td><td colspan="2">×钢厂</td><td rowspan="3">收款人</td><td>全　称</td><td colspan="2">友华机械厂</td></tr>
<tr><td>账号或地址</td><td colspan="2">3469155</td><td>账号或地址</td><td colspan="2">578001880</td></tr>
<tr><td>开户银行</td><td colspan="2">中华路办事处</td><td>开户行</td><td colspan="2">市支行</td></tr>
<tr><td>金　额</td><td colspan="5">人民币(大写)　贰拾叁万伍仟元整</td><td colspan="2">¥235 000.00</td></tr>
<tr><td>款项内容</td><td>M产品及运费</td><td>委托收款凭据名称</td><td colspan="3">发票</td><td>附寄件</td><td>2</td></tr>
<tr><td>备　注</td><td colspan="7"></td></tr>
</table>

增值税专用发票
记　账　联

开票日期：20××年12月28日　　No. 0431229

<table>
<tr><td rowspan="2">购货单位</td><td>名　称</td><td colspan="13">×钢厂</td><td colspan="3">纳税人登记号</td><td colspan="9">××××01100341001</td></tr>
<tr><td>地址电话</td><td colspan="13">中华路100号8769776</td><td colspan="3">开户银行及账号</td><td colspan="9">中华路办3469155</td></tr>
<tr><td colspan="2" rowspan="2">货物或应税劳务名称</td><td rowspan="2">计量单位</td><td rowspan="2">数量</td><td rowspan="2">单价</td><td colspan="9">金　额</td><td colspan="3" rowspan="2">税　率
%</td><td colspan="9">金　额</td></tr>
<tr><td>百</td><td>十</td><td>万</td><td>千</td><td>百</td><td>十</td><td>元</td><td>角</td><td>分</td><td>百</td><td>十</td><td>万</td><td>千</td><td>百</td><td>十</td><td>元</td><td>角</td><td>分</td></tr>
<tr><td colspan="2">M产品</td><td>件</td><td>2 000</td><td>100</td><td></td><td>2</td><td>0</td><td>0</td><td>0</td><td>0</td><td>0</td><td>0</td><td>0</td><td colspan="3">17</td><td></td><td></td><td>3</td><td>4</td><td>0</td><td>0</td><td>0</td><td>0</td><td>0</td></tr>
<tr><td colspan="2"></td><td></td><td></td><td></td><td></td><td></td><td></td><td></td><td></td><td></td><td></td><td></td><td></td><td colspan="3"></td><td></td><td></td><td></td><td></td><td></td><td></td><td></td><td></td><td></td></tr>
<tr><td colspan="2"></td><td></td><td></td><td></td><td></td><td></td><td></td><td></td><td></td><td></td><td></td><td></td><td></td><td colspan="3"></td><td></td><td></td><td></td><td></td><td></td><td></td><td></td><td></td><td></td></tr>
<tr><td colspan="2">合　计</td><td></td><td></td><td></td><td>¥</td><td>2</td><td>0</td><td>0</td><td>0</td><td>0</td><td>0</td><td>0</td><td>0</td><td colspan="3"></td><td></td><td>¥</td><td>3</td><td>4</td><td>0</td><td>0</td><td>0</td><td>0</td><td>0</td></tr>
<tr><td colspan="2">税价合计(大写)</td><td colspan="25">贰拾叁万肆仟元整　　¥234 000.00</td></tr>
<tr><td rowspan="2">销货单位</td><td>名　称</td><td colspan="13">友华机械厂</td><td colspan="3">纳税人登记号</td><td colspan="9">××××01001008888</td></tr>
<tr><td>地址电话</td><td colspan="13">建国路1号2222222</td><td colspan="3">开户银行及账号</td><td colspan="9">市支行578001880</td></tr>
<tr><td colspan="2">备　注</td><td colspan="25"></td></tr>
</table>

第四联　销货方记账

收款人：李丽　　开票单位(未盖章无效)友华机械厂

业务号 069

中国工商银行转账支票存根
支票号码 ×××
科 目______
对方科目______
签发日期 20××年 12 月 28 日
收款人：××钢厂
金 额：1 000.00
用 途：代垫销 M 产品运费
备 注：
单位主管 会计
复 核 记账

运费统一结算发票

单位：××钢厂　　20××年 12 月 28 日　　运字：××

货物名称	单位	数量	千 米	吨千米	运率	金 额
M 产品	件	2 000				1 000.00
合计(大写)	壹仟元整					￥1 000.00

记账联

会计：××　出纳：××　制单：××　市运输公司章

29 日

业务号 070

中国工商银行转账支票存根
支票号码 ×××
科 目______
对方科目______
签发日期 20××年 12 月 29 日
收款人：工商银行
金 额：61 500.00
用 途：付借款本金及利息
备 注：
单位主管 会计
复 核 记账

注：借款利息为 1 500 元，已预提借款利息 1 000 元。

特种结算票据

<table>
<tr><td>单位名称</td><td colspan="2">友华机械厂</td><td>借款期限</td><td>3个月</td><td>利率</td><td>10%</td></tr>
<tr><td>原借款金额</td><td colspan="2">陆万元整</td><td>到期利息</td><td colspan="3">￥1 500.00</td></tr>
<tr><td>人民币
(大写)</td><td colspan="3">陆万壹仟伍佰元整</td><td colspan="3">千 百 十 万 千 百 十 元 角 分
￥ 6 1 5 0 0 0 0</td></tr>
<tr><td>种类</td><td colspan="6">生产流动资金借款</td></tr>
<tr><td>备注</td><td colspan="3"></td><td colspan="3">信贷员签章：尹明
开户行信贷科盖章</td></tr>
</table>

业务号071

中国工商银行转账支票存根

支票号码　×××

科　　目________

对方科目________

签发日期 20××年12月29日

收款人：××工商银行
金　额：56 000.00
用　途：退付原已贴现而无
备　注：力兑付的商业票据

单位主管　　会计

复　　核　　记账

注：上月已贴现的商业承兑汇票，付款单位长虹公司银行存款不足支付，票据退回，企业以银行存款偿付已贴现的票据款56 000元。

业务号072

××市商业企业统一发票

发　票　联

购货单位：友华机械厂　　20××年12月29日　　No.××

<table>
<tr><td rowspan="2">货号</td><td rowspan="2">品名规格</td><td rowspan="2">单位</td><td rowspan="2">数量</td><td rowspan="2">单价</td><td colspan="9">金额</td><td rowspan="2">备注</td></tr>
<tr><td>百</td><td>十</td><td>万</td><td>千</td><td>百</td><td>十</td><td>元</td><td>角</td><td>分</td></tr>
<tr><td></td><td>大修房屋费</td><td></td><td></td><td></td><td></td><td>￥</td><td>1</td><td>5</td><td>0</td><td>0</td><td>0</td><td>0</td><td>0</td><td>两年</td></tr>
<tr><td></td><td></td><td></td><td></td><td></td><td></td><td></td><td></td><td></td><td></td><td></td><td></td><td></td><td></td><td>摊销</td></tr>
<tr><td></td><td></td><td></td><td></td><td></td><td></td><td></td><td></td><td></td><td></td><td></td><td></td><td></td><td></td><td></td></tr>
<tr><td colspan="12">合计人民币(大写)　壹万伍仟元整</td><td colspan="3">￥15 000.00</td></tr>
</table>

第二联 发票联

填票人：穆华　　收款人：宋利　　企业盖章：市房修队

中国工商银行转账支票存根

支票号码　×××

科　　目 ____________

对方科目

签发日期 20××年 12 月 29 日

收款人：市房修队
金　额：15 000.00
用　途：大修房屋费
备　注：

单位主管　　　　会计

复　　核　　　　记账

30 日

业务号 073

收　　据

20××年 12 月 30 日

交款单位	金城修理部		收款单位			友华机械厂					
摘　　要			百	十	万	千	百	十	元	角	分
收回去年已报核应收款						¥	1	6	0	0	0
金额(大写)	壹佰陆拾元整　现金收讫										

二 财务记账

会计：王明　　　　出纳：李丽　　　　交款人：陈斌

业务号 074　注：现金收回去年已作坏账损失的应收账款 160 元。

业务号 075

工商银行电汇凭证(收账通行)

20××年 12 月 30 日　　　　第××号

付款人	全　　称	××开源厂			收款人	全　　称	友华机械厂		
	账　　号 或住址	6749531				账　　号 或住址	578001880		
	汇出地点	×省×市	汇出行名称	×		汇入地点	×省×市	汇入行	支行
金　额	人民币(大写)　贰拾贰万玖仟叁佰贰拾元整							¥229 320.00	
汇款用途：付 M 产品款						汇出行公章			

注：收到开源厂汇入的银行电汇收账通知，已入账(该货款已在 12 月 22 日出具发票，销售注明按 2/10、全/30 付款方式)

二、 月末成本核算及账项调整业务

31 日

业务号 076

领 料 单

领料单位：一车间　　　　　　　　　　　　凭证编号：××
用　　途：××　　20××年 12 月 3 日　　发料仓库：××

材料类别	材料编号	材料名称及规格	计量单位	数量		单价	金额
				请领	实发		
		甲材料	千克	1 750	1 750		

记账联

领料人：刘江　领料部门主管：王强　发料：赵亮　记账：张思

领 料 单

领料单位：机修车间　　　　　　　　　　　凭证编号：××
用　　途：××　　20××年 12 月 4 日　　发料仓库：××

材料类别	材料编号	材料名称及规格	计量单位	数量		单价	金额
				请领	实发		
		甲材料	千克	1 200	1 200		

记账联

领料人：张红　领料部门主管：李强　发料：赵亮　记账：张思

领 料 单

领料单位：厂部　　　　　　　　　　　　　凭证编号：××
用　　途：××　　20××年 12 月 4 日　　发料仓库：××

材料类别	材料编号	材料名称及规格	计量单位	数量		单价	金额
				请领	实发		
		甲材料	千克	300	300		

记账联

领料人：王红　领料部门主管：李强　发料：赵亮　记账：张思

领 料 单

领料单位：供暖车间　　　　　　　　　　　凭证编号：××
用　　途：××　　20××年 12 月 4 日　　发料仓库：××

材料类别	材料编号	材料名称及规格	计量单位	数量		单价	金额
				请领	实发		
		甲材料	千克	800	800		

记账联

领料人：李红　领料部门主管：李强　发料：赵亮　记账：张思

领　料　单

领料单位：一车间　　凭证编号：××
用　途：M产品　　20××年12月14日　　发料仓库：××

材料类别	材料编号	材料名称及规格	计量单位	数量		单价	金额
				请领	实发		
		甲材料	千克	1 250	1 250		

记账联

领料人：刘江　领料部门主管：王强　发料：赵亮　记账：张思

领　料　单

领料单位：一车间　　凭证编号：××
用　途：一般耗用　　20××年12月17日　　发料仓库：××

材料类别	材料编号	材料名称及规格	计量单位	数量		单价	金额
				请领	实发		
		甲材料	千克	200	200		

记账联

领料人：刘江　领料部门主管：王强　发料：赵亮　记账：张思

领　料　单

领料单位：一车间　　凭证编号：××
用　途：M产品　　20××年12月22日　　发料仓库：××

材料类别	材料编号	材料名称及规格	计量单位	数量		单价	金额
				请领	实发		
		甲材料	千克	750	750		

记账联

领料人：刘江　领料部门主管：王强　发料：赵亮　记账：张思

领　料　单

领料单位：一车间　　凭证编号：××
用　途：M产品　　20××年12月25日　　发料仓库：××

材料类别	材料编号	材料名称及规格	计量单位	数量		单价	金额
				请领	实发		
		甲材料	千克	750	750		

记账联

领料人：刘江　领料部门主管：王强　发料：赵亮　记账：张思

结转发出甲材料汇总表

领料单位	用途	材料名称	单位	数量	计划单价	计划成本	差异率	差异额	实际成本
一车间	M产品	甲	千克						
一车间	耗用	甲	千克						
机修车间	耗用	甲	千克						
供暖车间	耗用	甲	千克						
厂部	耗用	甲	千克						
合计									

甲材料成本差异率=

业务号077

领　料　单

领料单位：一车间　　　　凭证编号：××
用　　途：××　　　　20××年12月3日　　　　发料仓库：××

材料类别	材料编号	材料名称及规格	计量单位	数量 请领	数量 实发	单价	金额
		配件	只	150	150		

记账联

领料人：刘江　　领料部门主管：王强　　发料：赵亮　　记账：张思

领　料　单

领料单位：机修车间　　　　凭证编号：××
用　　途：××　　　　20××年12月5日　　　　发料仓库：××

材料类别	材料编号	材料名称及规格	计量单位	数量 请领	数量 实发	单价	金额
		配件	只	800	800		

记账联

领料人：张红　　领料部门主管：李强　　发料：赵亮　　记账：张思

领　料　单

领料单位：二车间　　　　凭证编号：××
用　　途：一般耗用　　　　20××年12月16日　　　　发料仓库：××

材料类别	材料编号	材料名称及规格	计量单位	数量 请领	数量 实发	单价	金额
		修理用配件	只	100	100		

记账联

领料人：张世强　　领料部门主管：王学勤　　发料：赵亮　　记账：张思

领 料 单

领料单位：机修车间　　　　凭证编号：××

用　　途：修理　　　　20××年 12 月 16 日　　　　发料仓库：××

材料类别	材料编号	材料名称及规格	计量单位	数量		单价	金额
				请领	实发		
		修理用配件	只	900	900		

记账联

领料人：张红　　领料部门主管：李强　　发料：赵亮　　记账：张思

领 料 单

领料单位：运输部门　　　　凭证编号：××

用　　途：××　　　　20××年 12 月 16 日　　　　发料仓库：××

材料类别	材料编号	材料名称及规格	计量单位	数量		单价	金额
				请领	实发		
		修理用配件	只	800	800		

记账联

领料人：李志刚　　领料部门主管：王文　　发料：赵亮　　记账：张思

发 料 单

发料仓库：××

用途：销售　　　　20××年 12 月 22 日　　　　凭证编号：××

材料类别	材料编号	材料名称及规格	计量单位	数量		单价	金额
				请领	实发		
		配件	只	2 000	2 000		

结转发出配件汇总表

领料单位	用途	单位	数量	计划单价	计划成本	差异率	差异额	实际成本
一车间	修理	只						
二车间	修理	只						
机修车间	修理	只						
销售成本	其他销售	只						
运输	耗用	只						
合计								

业务号 078

领　料　单

领料单位：厂部　　　　　　　　　　　　　　　　　　凭证编号：××
用　　途：××　　　　　　20××年 12 月 7 日　　　　发料仓库：××

材料类别	材料编号	材料名称及规格	计量单位	数量		单价	金额
				请领	实发		
		机物料	千克	400	400		

记账联

领料人：×××　　领料部门主管：×××　　发料：赵亮　　记账：张思

领　料　单

领料单位：二车间　　　　　　　　　　　　　　　　　凭证编号：××
用　　途：××　　　　　　20××年 12 月 7 日　　　　发料仓库：××

材料类别	材料编号	材料名称及规格	计量单位	数量		单价	金额
				请领	实发		
		机物料	千克	600	600		

记账联

领料人：张世强　　领料部门主管：王学勤　　发料：赵亮　　记账：张思

领　料　单

领料单位：机修车间　　　　　　　　　　　　　　　　凭证编号：××
用　　途：××　　　　　　20××年 12 月 7 日　　　　发料仓库：××

材料类别	材料编号	材料名称及规格	计量单位	数量		单价	金额
				请领	实发		
		机物料	千克	700	700		

记账联

领料人：张红　　领料部门主管：张强　　发料：赵亮　　记账：张思

领　料　单

领料单位：一车间　　　　　　　　　　　　　　　　　凭证编号：××
用　　途：××　　　　　　20××年 12 月 7 日　　　　发料仓库：××

材料类别	材料编号	材料名称及规格	计量单位	数量		单价	金额
				请领	实发		
		机物料	千克	800	800		

记账联

领料人：张世强　　领料部门主管：王学勤　　发料：赵亮　　记账：张思

领　　料　　单

领料单位：供暖车间　　　　　　　　　　　　　　　　凭证编号：××

用　　途：××　　　　　　20××年12月7日　　　　　　发料仓库：××

材料类别	材料编号	材料名称及规格	计量单位	数量		单价	金额
				请领	实发		
		机物料	千克	500	500		

记账联

领料人：李红　　领料部门主管：张强　　发料：赵亮　　记账：张思

结转发出机物料汇总表

领料单位	用途	单位	数量	计划单价	计划成本	差异率	差异额	实际成本
一车间								
二车间								
机修车间								
供暖车间								
厂部								
合计								

业务号 079

领　　料　　单

领料单位：一车间　　　　　　　　　　　　　　　　凭证编号：××

用　　途：M产品　　　　　　20××年12月24日　　　　　　发料仓库：××

材料类别	材料编号	材料名称及规格	计量单位	数量		单价	金额
				请领	实发		
		丙材料	千克	2 734.78	2 734.38		

记账联

领料人：刘江　　领料部门主管：王强　　发料：赵亮　　记账：张思

丙材料及成本差异分配计算表

领料单位	材料名称	用途	单位	数量	计划单价	计划成本	差异率	差异额	实际成本

共耗丙材料费用分配表

产品名称	实际投产量(件)	单位消耗定额(千克)	按实际产量计算定额耗用量(千克)	分配率	应分配共耗材料费用(元)
M产品					
合 计					

共耗丙材料分配率＝

业务号 080

领 料 单

领料单位：一车间　　　　凭证编号：××

用　　途：H半成品　　20××年12月2日　　发料仓库：××

材料类别	材料编号	材料名称及规格	计量单位	数量		单价	金额
				请领	实发		
		乙材料	千克	500	500		

记账联

领料人：刘江　　领料部门主管：王强　　发料：赵亮　　记账：张思

领 料 单

领料单位：一车间　　　　凭证编号：××

用　　途：H半成品　　20××年12月15日　　发料仓库：××

材料类别	材料编号	材料名称及规格	计量单位	数量		单价	金额
				请领	实发		
		乙材料	千克	200	200		

记账联

领料人：刘江　　领料部门主管：王强　　发料：赵亮　　记账：张思

领 料 单

领料单位：一车间　　　　凭证编号：××

用　　途：H半成品　　20××年12月20日　　发料仓库：××

材料类别	材料编号	材料名称及规格	计量单位	数量		单价	金额
				请领	实发		
		乙材料	千克	300	300		

记账联

领料人：刘江　　领料部门主管：王强　　发料：赵亮　　记账：张思

结转发出乙材料汇总表

领用单位	用途	单位	数量	单价	金额	
一车间	H半成品	千克				

乙材料加权平均单价＝

业务号 081

领　　料　　单

领料单位：二车间　　　　凭证编号：××

用　　途：××　　　　20××年 12 月 18 日　　　　发料仓库：××

材料类别	材料编号	材料名称及规格	计量单位	数量		单价	金额
				请领	实发		
		低值易耗品	件	200	200		

记账联

领料人：刘江　　领料部门主管：王强　　发料：赵亮　　记账：张思

领　　料　　单

领料单位：机修车间　　　　凭证编号：××

用　　途：××　　　　20××年 12 月 26 日　　　　发料仓库：××

材料类别	材料编号	材料名称及规格	计量单位	数量		单价	金额
				请领	实发		
		低值易耗品	件	800	800		

记账联

领料人：刘江　　领料部门主管：王强　　发料：赵亮　　记账：张思

领　　料　　单

领料单位：运输部门　　　　凭证编号：××

用　　途：××　　　　20××年 12 月 26 日　　　　发料仓库：××

材料类别	材料编号	材料名称及规格	计量单位	数量		单价	金额
				请领	实发		
		低值易耗品	件	300	300		

记账联

领料人：刘江　　领料部门主管：王强　　发料：赵亮　　记账：张思

领　料　单

领料单位：厂部　　　　　　　　　　　　　　　　　　　　凭证编号：××
用　　途：××　　　　　　20××年12月26日　　　　　　发料仓库：××

材料类别	材料编号	材料名称及规格	计量单位	数量		单价	金额
				请领	实发		
		低值易耗品	件	80	80		

记账联

领料人：刘江　　领料部门主管：王强　　发料：赵亮　　记账：张思

领　料　单

领料单位：一车间　　　　　　　　　　　　　　　　　　　凭证编号：××
用　　途：××　　　　　　20××年12月26日　　　　　　发料仓库：××

材料类别	材料编号	材料名称及规格	计量单位	数量		单价	金额
				请领	实发		
		低值易耗品	件	1 200	1 200		

记账联

领料人：××　　领料部门主管：××　　发料：××　　记账：××

领　料　单

领料单位：供暖车间　　　　　　　　　　　　　　　　　　凭证编号：××
用　　途：××　　　　　　20××年12月26日　　　　　　发料仓库：××

材料类别	材料编号	材料名称及规格	计量单位	数量		单价	金额
				请领	实发		
		低值易耗品	件	120	120		

记账联

领料人：××　　领料部门主管：××　　发料：××　　记账：××

低值易耗品分配表(一次摊销)

20××年　月　日　　　　　　　　　　　　　单位：元

分配对象	领用部门	明细项目	计划成本	材料成本差异率		实际成本
				差异率	金额	
制造费用	一车间					
	二车间					
小计						
制造费用	机修					
	供暖					
小计						
管理费用	厂部					
其他业务支出	运输部门					
合计						

业务号 082

外购动力(电力)费用分配汇总表

20××年　月　日　　　　单位：元

<table>
<tr><td colspan="3" rowspan="2">应借科目</td><td rowspan="2">成本或费用项目</td><td colspan="2">共同耗用</td><td colspan="2">电费分配</td></tr>
<tr><td>生产工时</td><td>分配金额（分配率：　）</td><td>用电度量额</td><td>分配金额（分配率：　）</td></tr>
<tr><td rowspan="5">生产成本——基本生产</td><td rowspan="3">一车间</td><td>M产品
H半产品</td><td>燃料及动力
燃料及动力</td><td></td><td></td><td></td><td></td></tr>
<tr><td>小计</td><td></td><td></td><td></td><td></td><td></td></tr>
<tr><td colspan="6"></td></tr>
<tr><td rowspan="2">二车间</td><td>H产品</td><td>燃料及动力</td><td></td><td></td><td></td><td></td></tr>
<tr><td>小计</td><td></td><td></td><td></td><td></td><td></td></tr>
<tr><td rowspan="3">生产成本——辅助生产</td><td colspan="2">供暖车间</td><td>燃料及动力</td><td></td><td></td><td></td><td></td></tr>
<tr><td colspan="2">机修车间</td><td>燃料及动力</td><td></td><td></td><td></td><td></td></tr>
<tr><td colspan="2">小计</td><td></td><td></td><td></td><td></td><td></td></tr>
<tr><td rowspan="5">制造费用</td><td colspan="2">一车间</td><td>水电费</td><td></td><td></td><td></td><td></td></tr>
<tr><td colspan="2">二车间</td><td>水电费</td><td></td><td></td><td></td><td></td></tr>
<tr><td colspan="2">供暖车间</td><td>水电费</td><td></td><td></td><td></td><td></td></tr>
<tr><td colspan="2">机修车间</td><td>水电费</td><td></td><td></td><td></td><td></td></tr>
<tr><td colspan="2">小计</td><td></td><td></td><td></td><td></td><td></td></tr>
<tr><td colspan="3">管理费用</td><td>水电费</td><td></td><td></td><td></td><td></td></tr>
<tr><td colspan="2">其他业务成本</td><td>运输部门</td><td>水电费</td><td></td><td></td><td></td><td></td></tr>
<tr><td colspan="3">合计</td><td></td><td></td><td></td><td></td><td></td></tr>
</table>

业务号 083　分配本月工资

工　资　汇　总　表

单位：友华机械厂　　　　20××年12月份　　　　单位：元

单位		标准工资	各种补贴	扣款		应付工资	扣款			实发工资
				病假	事假		房租	水电	借款	
一车间	生产工人	（略）				84 600.00	（略）			
	管理人员					8 500.00				
二车间	生产工人					18 000.00				
	管理人员					1 800.00				
供暖	生产工人					22 520.00				
	管理人员					1 280.00				
机修	生产工人					18 000.00				
	管理人员					1 450.00				
厂部						18 600.00				
运输部门						12 300.00				
合计						187 050.00	3 000	2 000		182 050.00

制表：×××

业务号 084　计提本月职工福利费

工资及福利费用分配汇总表

20××年　月　日　　　　单位：元

应借科目			工资				职工福利费（14%）
			分配标准（工时）	直接生产人员（分配率：　）	管理人员工资	工资合计	金额
生产成本——基本生产	一车间	M产品 H半产品					
		小计					
	二车间	H产品					
		小计					

（续表）

应借科目		工资				职工福利费（14%）
		分配标准（工时）	直接生产人员（分配率：　）	管理人员工资	工资合计	金额
生产成本——辅助生产	供暖车间					
	机修车间					
	小计					
制造费用	一车间					
	二车间					
	供暖车间					
	机修车间					
	小计					
管理费用						
其他业务成本	运输部门					
合计						

业务号 085

折旧费用分配汇总表

20××年　月　日　　　　单位：元

应借科目	车间部门		本月应计提折旧的固定资产原值	月折旧率‰	折旧额
制造费用	一车间	房屋			
		设备			
	二车间	房屋			
		设备			
制造费用—辅助生产	机修	房屋			
		设备			
	供暖	房屋			
		设备			

(续表)

应借科目	车间部门		本月应计提折旧的固定资产原值	月折旧率‰	折旧额
管理费用	厂部	房屋			
		汽车			
其他业务支出	运输	汽车			
合计					

业务号 086 计提短期借款利息(12 月份按天计算)

计提费用分配表

20××年 月 日　　单位:元

费用种类	应借科目		计算过程	应贷金额
	总账	明细账		
短期借款利息	财务费用	利息费用		
合计				

注:看 29 笔业务

业务号 087

制造费用分配表

修理车间　　20××年 月　　单位:元

应借科目		分配标准	分配金额
辅助生产成本	修理车间		
合计			

业务号 088

制造费用分配表

供暖车间　　20××年　月　　单位：元

应借科目		分配标准	分配金额
辅助生产成本	供暖车间		
合　计			

业务号 089　**业务号 090**　根据辅助生产费用分配表进行交互分配的核算

业务号 091　**业务号 092**　根据辅助生产费用分配表进行对外分配的核算

辅助生产费用分配表

(交互分配法)　　20××年　月　　单位：元

项　目			交互分配			对外分配		
辅助生产车间名称			机修车间	供暖车间	合　计	机修车间	供暖车间	合　计
待分配费用								
供应劳务总量								
费用分配率(单位成本)								
供暖车间耗用		数　量						
		金　额						
机修车间耗用		数　量						
		金　额						
制造费用	一车间耗用	数　量						
		金　额						
	二车间耗用	数　量						
		金　额						
管理费用	厂部耗用	数量						
		金额						
其它业务成本	运输部门耗用	数量						
		金额						
合　计								

注：

分配：生产成本——辅(供暖)　　业务号 089、090 交互分配

　　　生产成本——辅(机修)　　业务号 091、092 对外分配

业务号 093

制造费用分配表

基本生产车间　　20××年　月　　单位：元

分配对象		分配标准（工　时）	分配率	分配金额
一车间	M产品			
	H半产品			
小　计				
二车间				
合　计				

业务号 094　M产品成本的计算

产成品入库单

No. ××

交库车间：一车间　　20××年12月7日　　仓库：半成品库

产品编号	产成品名称	型号规格	计量单位	送检数量	检验结果		实收数量	备　注
					合　格	不合格		
	M产品		件	2 400	2 400		2 400	

记账联

保管员：××　　检验员：××　　车间负责人：××　　制单：××

产成品入库单

No. ××

交库车间：一车间　　20××年12月14日　　仓库：半成品库

产品编号	产成品名称	型号规格	计量单位	送检数量	检验结果		实收数量	备　注
					合　格	不合格		
	M产品		件	2 400	2 400		2 400	

记账联

保管员：××　　检验员：××　　车间负责人：××　　制单：××

产成品入库单

No. ××

交库车间：一车间　　20××年12月21日　　仓库：半成品库

产品编号	产成品名称	型号规格	计量单位	送检数量	检验结果		实收数量	备注
					合格	不合格		
	M产品		件	2 200	2 200		2 200	

记账联

保管员：××　　检验员：××　　车间负责人：××　　制单：××

产成品入库单

No. ××

交库车间：一车间　　20××年12月29日　　仓库：半成品库

产品编号	产成品名称	型号规格	计量单位	送检数量	检验结果		实收数量	备注
					合格	不合格		
	M产品		件	3 850	3 850		3 850	

记账联

保管员：××　　检验员：××　　车间负责人：××　　制单：××

业务号095　H半成品成本的计算

自制半成品入库单

No. ××

交库车间：一车间　　20××年12月8日　　仓库：半成品库

产品编号	产成品名称	半成品名称	计量单位	送检数量	检验结果		实收数量	备注
					合格	不合格		
		H半成品	件	1 000			1 000	

记账联

保管员：××　　检验员：××　　车间负责人：××　　制单：××

自制半成品入库单

No. ××

交库车间：一车间　　20××年12月8日　　仓库：半成品库

产品编号	产成品名称	半成品名称	计量单位	送检数量	检验结果		实收数量	备注
					合格	不合格		
	H半成品	H半成品	件	500	500		500	

记账联

保管员：××　　检验员：××　　车间负责人：××　　制单：××

自制半成品入库单

No. ××

交库车间：一车间　　20××年12月8日　　仓库：半成品库

产品编号	产成品名称	半成品名称	计量单位	送检数量	检验结果		实收数量	备注
					合格	不合格		
	H产品	H半成品	只	1 000	1 000		1 000	

记账联

保管员：××　　检验员：××　　车间负责人：××　　制单：××

自制半成品入库单

No. ××

交库车间：一车间　　20××年12月28日　　仓库：半成品库

产品编号	产成品名称	半成品名称	计量单位	送检数量	检验结果		实收数量	备注
					合格	不合格		
	H产品	H半成品	件	500	500		500	

记账联

保管员：××　　检验员：××　　车间负责人：××　　制单：××

业务号096　结转发出自制半成品成本

领　料　单

领料单位：二车间　　凭证编号：××

用　途：××　　20××年12月1日　　发料仓库：××

材料类别	材料编号	材料名称及规格	计量单位	数量		单价	金额
				请领	实发		
H半成品			件	1 000	1 000		

记账联

领料人：××　　领料部门主管：××　　发料：××　　记账：××

领　料　单

领料单位：二车间　　凭证编号：××

用　途：H产品　　20××年12月10日　　发料仓库：××

材料类别	材料编号	材料名称及规格	计量单位	数量		单价	金额
				请领	实发		
		H半成品	件	600	600		

记账联

领料人：××　　领料部门主管：××　　发料：赵亮　　记账：张思

领　　料　　单

领料单位：二车间　　　　　　　　　　　　　　　　凭证编号：××
用　　途：H产品　　　　20××年12月20日　　　　发料仓库：××

材料类别	材料编号	材料名称及规格	计量单位	数量		单价	金额
				请领	实发		
		H半成品	件	500	500		

记账联

领料人：××　　领料部门主管：××　　发料：赵亮　　记账：张思

领　　料　　单

领料单位：二车间　　　　　　　　　　　　　　　　凭证编号：××
用　　途：H产品　　　　20××年12月25日　　　　发料仓库：××

材料类别	材料编号	材料名称及规格	计量单位	数量		单价	金额
				请领	实发		
		H半成品	件	400	400		

记账联

领料人：××　　领料部门主管：××　　发料：××　　记账：××

自制半成品发出汇总表

20××年　月　日　　　　　　　　　　单位：元

应借科目	数量	单位成本	总成本
合计			

业务号097　H产品成本的计算

产成品入库单

No. ××

交库车间：二车间　　　　20××年12月6日　　　　仓库：半成品库

产品编号	产成品名称	半成品名称	计量单位	送检数量	检验结果		实收数量	备注
					合格	不合格		
	H产品		件	600	600		600	

记账联

保管员：××　　检验员：××　　车间负责人：××　　制单：××

产成品入库单

No.××

交库车间：二车间　　20××年12月15日　　仓库：半成品库

产品编号	产成品名称	半成品名称	计量单位	送检数量	检验结果		实收数量	备注
					合格	不合格		
	H产品		件	800	800		800	

记账联

保管员：××　　检验员：××　　车间负责人：××　　制单：××

产成品入库单

No.××

交库车间：二车间　　20××年12月24日　　仓库：半成品库

产品编号	产成品名称	半成品名称	计量单位	送检数量	检验结果		实收数量	备注
					合格	不合格		
	H产品		件	500	500		500	

记账联

保管员：××　　检验员：××　　车间负责人：××　　制单：××

产成品入库单

No.××

交库车间：二车间　　20××年12月28日　　仓库：半成品库

产品编号	产成品名称	半成品名称	计量单位	送检数量	检验结果		实收数量	备注
					合格	不合格		
	H产品		件	300	300		300	

记账联

保管员：××　　检验员：××　　车间负责人：××　　制单：××

产品成本还原计算表

产品名称：　　年　月　日　　单位：元

项目	产量(件)	还原分配率	半成品	直接材料	直接人工	制造费用	成本合计
还原前产成品成本							
本月所产半成品成本							

（续表）

项　　目	产量(件)	还原分配率	半成品	直接材料	直接人工	制造费用	成本合计
产成品成本中半成品费用还原							
还　原　后 产成品成本							
还　原　后 产成品单位成本							

产品成本汇总表

年　　月　　日　　　　单位：元

应借科目	产品名称	产量	总成本或单位成本	直接材料	燃料动力	直接人工	制造费用	成本合计
产成品	M 产品		总成本					
			单位成本					
	H 半成品		总成本					
			单位成本					
	H 产品		总成本					
			单位成本					
合　计			总成本					

产成品发出汇总表

20××年　月　日　　　　单位：元

品　　名		数　　量	单位成本	总　成　本
M 产品				
H 产品	现销			
	赊销			
合　　计				

业务号 098　结转 M 产品销售成本

业务号 099　企业按合同规定采用分期收款销货方式向金星厂发出 H 产品 600 件，(合同略)(首次付 200 件销货款已收回，41 笔业务)

业务号 100　结转 H 产品销售成本

业务号 101

坏账准备提取计算表

年　月　日　　　　单位：元

项目	应收账款期末余额	计提比例	应计提金额	坏账准备账户余额(借＋)(贷－)	实际提取金额
合　计					

业务号 102

无形资产摊销计算表

年　月　日　　　　单位：元

项　目	计算过程	金　额
合　计		

制表：

业务号 103

长期待摊费用摊销计算表

年　月　日　　　　单位：元

项　目	递延资产	摊销期限	摊销金额	备　注	
合　计					

制表：

业务号 104　××税务局 营业税、资源税 / 城市维护建设税 / 教育费附加 纳税(费)申报表

申报单位名称：　经济性质：　税款所属日期　年　月　单位：元

税种	纳税项目	计税金额（销售或自用数量）	税率或单位税额	应纳税额	已纳税额	本期应补(退)税额	税务机关审核

申报单位盖章：　负责人(签章)：　经办人员(签章)：　税务机关受理申报日期　年　月　日　审核人(签章)：

注：1. 不同税目税率的业务应分格次填写。
2. 纳税人无论当月有无销售额，均应在次月十日前向当地税务机关申报。
3. 此表一式二份，税务机关审核后留存一份，返回申报单位一份。
4. 纳税单位代码章加盖在本表右上角处。

业务号 105　期末结转“主营业务收入、其他业务收入、营业外收入”账户

业务号 106　期末结转“管理费用、财务费用、销售费用、主营业务成本、其他业务成本、资产减值损失”账户

业务号 107　计算“所得税”

业务号 108　结转“所得税”

业务号 109　提取“盈余公积”｛法定盈余公积 / 任意盈余公积

业务号 110　向投资者分配利润

业务号 111　结转本年利润

业务号 112　结转利润分配各明细账

三、　会计报表

1. 资产负债表
2. 利润表
3. 现金流量表

参 考 答 案

一、 会计分录

单位：元

总序编号	日期	摘　　要	科 目 名 称	借方金额	贷方金额
总 001	1/12	从市物资公司采购甲丙材料	材料采购——甲材料	123 630.00	
			材料采购——丙材料	125 720.00	
			应交税费——应增(进)	41 820.00	
			银行存款		291 170.00
总 002	1/12	收新安公司运费	银行存款	6 300.00	
			其他业务收入——运输		6 300.00
总 003	2/12	收新明厂赔偿金	银行存款	2 000.00	
			营业外收入——赔偿金		2 000.00
总 004	2/12	发出木板，委托加工包装物	委托加工物资——包装箱	6 000.00	
			原材料——木板		6 000.00
总 005	2/12	甲、丙材料验收入库并结转差异	原材料——甲材料	124 000.00	
			原材料——丙材料	120 000.00	
			材料成本差异——丙材料	5 720.00	
			材料成本差异——甲材料		370.00
			材料采购——甲材料		123 630.00
			材料采购——丙材料		125 720.00
总 006	3/12	申请银行汇票	其他货币资金——银行汇票	60 000.00	
			银行存款		60 000.00
总 007	3/12	用银行汇票购南京星海科技公司新产品转让权	无形资产——非专利技术	60 000.00	
			其他货币资金——银行汇票		60 000.00
总 008	3/12	提取库存现金	库存现金	175 000.00	
			银行存款		175 000.00
总 009	3/12	发放工资	应付职工薪酬——工资	175 000.00	
			库存现金		175 000.00
总 010	4/12	王力借支差旅费	其他应收款——王力	150.00	
			库存现金		150.00

（续表）

总序编号	日期	摘　要	科目名称	借方金额	贷方金额
总 011	4/12	华强商厦的商业承兑汇票申请贴现	银行存款	29 500.00	
			财务费用——利息支出	500.00	
			应收票据		30 000.00
总 012	6/12	预付市第二物资公司材料款	预付账款——第二物资公司	50 000.00	
			银行存款		50 000.00
总 013	6/12	支付王娜医药费	其他应付款——王娜	660.00	
			银行存款		660.00
总 014	6/12	支付市物资公司机物料价税款	材料采购——机物料	8 600.00	
			应交税费——应增(进)	1 445.00	
			银行存款		10 045.00
总 015	7/12	机物料已验收入库并结转差异	原材料——机物料	8 000	
			材料成本差异——机物料	600	
			材料采购——机物料		8 600.00
总 016	7/12	购入乙材料	在途物资——乙材料	30 000.00	
			应交税费——应增(进)	5 100.00	
			应付账款——海华公司		35 100.00
总 017	7/12	支付乙材料运费	在途物资——乙材料	1 000.00	
			银行存款		1 000.00
总 018	7/12	材料验收入库	原材料——乙材料	31 000.00	
			在途物资——乙材料		31 000.00
总 019	7/12	销售 M 产品	应收账款——大众汽车厂	175 500.00	
			主营业务收入——M 产品		150 000.00
			应交税费——应增(销)		25 500.00
总 020	7/12	收回张明借款	库存现金	4 360.00	
			其他应收款——张明		4 360.00
总 021	7/12	将现款存入银行	银行存款	4 360.00	
			库存现金		4 360.00
总 022	7/12	收三星公司投资款	银行存款	500 000.00	
			实收资本——三星公司		500 000.00

（续表）

总序编号	日期	摘　　要	科目名称	借方金额	贷方金额
总 023	8/12	采购甲材料	材料采购——甲材料	84 000.00	
			应交税费——应增(进)	14 280.00	
			预付账款——市二物资公司		98 280.00
总 024	9/12	甲材料验收入库并结转差异	原材料——甲材料	86 800.00	
			材料采购——甲材料		84 000.00
			材料成本差异——甲材料		2 800.00
总 025	9/12	上交各种税金	应交税费——已交增值税	8 800.00	
			应交税费——应交城建税	616.00	
			应交税费——教育附加	264.00	
			应交税费——应交所得税	18 206.00	
			银行存款		27 886.00
总 026	9/12	购入乙材料	在途物资——乙材料	25 200.00	
			应交税费——应增(进)	4 284.00	
			银行存款		29 484.00
总 027	9/12	材料验收入库	原材料——乙材料	25 200.00	
			在途物资——乙材料		25 200.00
总 028	10/12	各部门购买办公用品	制造费用——一车间	844.00	
			制造费用——二车间	210.00	
			制造费用——机修车间	217.00	
			制造费用——供暖车间	249.00	
			管理费用	872.00	
			其他业务成本——运输	189.00	
			银行存款		2 581.00
总 029	10/12	从银行取得期限三个月的借款	银行存款	100 000.00	
			短期借款——××银行		100 000.00
总 030	12/12	购买汽油	管理费用	140.00	
			其他业务成本——运输	860.00	
			银行存款		1 000.00
总 031	13/12	购入乙材料	在途物资——乙材料	23 623.00	
			应交税费——应增(进)	3 944.00	
			银行存款		27 567.00

（续表）

总序编号	日期	摘 要	科 目 名 称	借方金额	贷方金额
总 032	13/12	材料验收入库	原材料——乙材料	23 623.00	
			在途物资——乙材料		23 623.00
总 033	14/12	销售 H 产品收入	银行存款	58 500.00	
			主营业务收入——H 产品		50 000.00
			应交税费——应增(销)		8 500.00
总 034	14/12	运费收入	银行存款	13 600.00	
			其他业务收入——运输		13 600.00
总 035	15/12	职工报医药费	应付职工薪酬——职工福利	1 230.00	
			银行存款		1 230.00
总 036	15/12	收销前进厂前欠货款	银行存款	105 580.00	
			应收账款——前进厂		105 580.00
总 037	16/12	销售 M 产品收入	银行存款	292 500.00	
			主营业务收入——M 产品		250 000.00
			应交税费——应增(销)		42 500.00
总 038	17/12	收回商贸公司欠款	银行存款	15 000.00	
			应收账款——商贸公司		15 000.00
总 039	18/12	支付采购甲材料价税款	材料采购——甲材料	243 200.00	
			应交税费——应增(进)	40 800.00	
			银行存款		284 000.00
总 040	18/12	甲材料入库并结转差异	原材料——甲材料	248 000.00	
			材料采购——甲材料		243 200.00
			材料成本差异——甲材料		4 800.00
总 041	18/12	销售 H 产品收入	银行存款	23 400.00	
			主营业务收入——H 产品		20 000.00
			应交税费——应增(销)		3 400.00
总 042	19/12	支付汽车修理费用	管理费用	310.00	
			其他业务成本——运输	1 500.00	
			银行存款		1 810.00
总 043	19/12	购入乙材料	在途物资——乙材料	13 730.00	
			应交税费——应增(进)	2 295.00	
			银行存款		16 025.00

（续表）

总序编号	日期	摘要	科目名称	借方金额	贷方金额
总 044	19/12	材料验收入库	原材料——乙材料	13 730.00	
			在途物资——乙材料		13 730.00
总 045	19/12	运输收入	银行存款	12 000.00	
			其他业务收入——运输		12 000.00
总 046	21/12	购入乙材料	在途物资——乙材料	16 470.00	
			应交税费——应增(进)	2 754.00	
			银行存款		19 224.00
总 047	22/12	材料验收入库	原材料——乙材料	16 470.00	
			在途物资——乙材料		16 470.00
总 048	22/12	销售配件	银行存款	31 356.00	
			应交税费——应增(销)		4 556.00
			其他业务收入——销配件		26 800.00
总 049	22/12	支付红旗厂加工费	委托加工物资——包装箱	1 500.00	
			应交税费——应增(进)	255.00	
			银行存款		1 755.00
总 050	22/12	包装物入库	周转材料——包装箱	7 500.00	
			委托加工物资——包装箱		7 500.00
总 051	22/12	销售 M 产品给开源厂	应收账款——开源厂	234 000.00	
			主营业务收入——M 产品		200 000.00
			应交税费——应增(销)		34 000.00
总 052	24/12	支付广告费	销售费用	2 900.00	
			银行存款		2 900.00
总 053	24/12	开出汇票抵付前欠货款	应付账款——新民配件厂	17 550.00	
			应付票据		17 550.00
总 054	24/12	支付甲材料款	材料采购——甲材料	303 250.00	
			应交税费——应增(进)	51 000.00	
			银行存款		354 250.00
总 055	24/12	甲材料入库并结转差异	原材料——甲材料	310 000.00	
			材料采购——甲材料		303 250.00
			材料成本差异——甲材料		6 750.00

（续表）

总序编号	日期	摘　　要	科 目 名 称	借　方 金　额	贷　方 金　额
总 056	24/12	支付电费	应付账款——供电局	97 598.00	
			应交税费——应增(进)	16 591.66	
			银行存款		114 189.66
总 057	24/12	核销坏账	坏账准备	300.00	
			应收账款——华兴公司		300.00
总 058	25/12	清理报废机床	固定资产清理——××机床	1 000.00	
			累计折旧	29 000.00	
			固定资产——生产用		30 000.00
总 059	25/12	残料入库	原材料——残料	2 000.00	
			固定资产清理——××机床		2 000.00
总 060	25/12	支付清理费用	固定资产清理——××机床	800.00	
			库存现金		800.00
总 061	25/12	销售 H 产品	应收账款——华南厂	93 600.00	
			主营业务收入——H 产品		80 000.00
			应交税费——应增(销)		13 600.00
总 062	26/12	长城公司捐赠复印机	固定资产	15 000.00	
			营业外收入		15 000.00
总 063	26/12	运费收入	银行存款	8 500.00	
			其他业务收入——运输		8 500.00
总 064	27/12	签发银行汇票持往异地采购	其他货币资金——银汇	50 000.00	
			银行存款		50 000.00
总 065	27/12	销售 M 产品结清原预收款	预收账款——民众汽车厂	117 000.00	
			主营业务收入——M 产品		100 000.00
			应交税费——应增(销)		17 000.00
总 066	28/12	结转报废机床清理结果	固定资产清理——××机床	200.00	
			营业外收入——固清收益		200.00
总 067	28/12	运费收入	银行存款	7 350.00	
			其他业务收入——运输		7 350.00
总 068	28/12	销售 M 产品	应收账款——×钢厂	234 000.00	
			主营业务收入——M 产品		200 000.00
			应交税费——应增(销)		34 000.00

（续表）

总序编号	日期	摘要	科目名称	借方金额	贷方金额
总 069	28/12	代垫运费	应收账款——×钢厂	1 000.00	
			银行存款		1 000.00
总 070	29/12	支付短期借款本息	短期借款——××银行	60 000.00	
			应付利息	1 000.00	
			财务费用	500.00	
			银行存款		61 500.00
总 071	29/12	企业偿付已贴现的票据	应收账款——长虹公司	56 000.00	
			银行存款		56 000.00
总 072	29/12	支付房屋大修理费	长期待摊费用——房屋修理费	15 000.00	
			银行存款		15 000.00
总 073	30/12	冲销已核销的坏账损失	应收账款——金城修理部	160.00	
			坏账准备		160.00
总 074	30/12	收回原已核销的坏账损失	库存现金	160.00	
			应收账款——金城修理部		160.00
总 075	30/12	收回开源厂欠款	银行存款	229 320.00	
			财务费用	4 680.00	
			应收账款——开源厂		234 000.00
总 076	31/12	结转发出甲材料	生产成本——基(M)	275 310.50	
			生产成本——辅(机修)	73 416.13	
			生产成本——辅(供暖)	48 944.09	
			制造费用——一车间	12 236.02	
			管理费用	18 354.03	
			原材料——甲材料		434 000.00
			材料成本差异——甲材料		5 739.23
总 077	31/12	结转发出配件	制造费用——机修车间	17 340.00	
			制造费用——一车间	1 530.00	
			制造费用——二车间	1 020.00	
			其他业务成本——运输	8 160.00	
			其他业务成本——销材料	20 400.00	
			原材料——配件		47 500.00
			材料成本差异——配件		950.00

（续表）

总序编号	日期	摘　要	科目名称	借方金额	贷方金额
总 078	31/12	结转发出机物料	制造费用——一车间	13 156.57	
			制造费用——二车间	9 867.43	
			制造费用——机修车间	11 512.00	
			制造费用——供暖	8 222.86	
			管理费用	6 578.28	
			原材料——机物料		48 000.00
			材料成本差异——机物料		1 337.14
总 079	31/12	结转发出丙材料	生产成本——基(M)	85 941.59	
			原材料——丙材料		82 031.40
			材料成本差异——丙材料		3 910.19
总 080	31/12	结转发出乙材料	生产成本——基(H 半)	28 970.00	
			原材料——乙材料		28 970.00
总 081	31/12	结转发出低值易耗品	制造费用——一车间	12 360.00	
			制造费用——二车间	2 060.00	
			制造费用——机修车间	8 240.00	
			制造费用——供暖车间	1 236.00	
			管理费用	824.00	
			其他业务成本——运输	3 090.00	
			周转材料——低值易耗品		27 000.00
			材料成本差异——低易品		810.00
总 082	31/12	结转动力费用(电力)	生产成本——基(M)	58 151.84	
			生产成本——基(H 半)	5 298.16	
			生产成本——基(H)	8 000.00	
			生产成本——辅(供暖)	12 000.00	
			生产成本——辅(机修)	6 000.00	
			制造费用——一车间	1 200.00	
			制造费用——二车间	800.00	
			制造费用——供暖车间	670.00	
			制造费用——机修车间	450.00	
			管理费用	3 608.00	
			其他业务成本——运输	1 420.00	
			应付账款——供电局		97 598.00

（续表）

总序编号	日期	摘要	科目名称	借方金额	贷方金额
总 083	31/12	计提本月工资	生产成本——基(M)	77 534.30	
			生产成本——基(H 半)	7 065.70	
			生产成本——基(H)	18 000.00	
			生产成本——辅(供暖)	22 520.00	
			生产成本——辅(机修)	18 000.00	
			制造费用——一车间	8 500.00	
			制造费用——二车间	1 800.00	
			制造费用——供暖车间	1 280.00	
			制造费用——机修车间	1 450.00	
			管理费用	18 600.00	
			其他业务成本——运输	12 300.00	
			应付职工薪酬——工资		187 050.00
总 084	31/12	计提本月职工福利费	生产成本——基(M)	10 854.81	
			生产成本——基(H 半)	989.19	
			生产成本——基(H)	2 520.00	
			生产成本——辅(供暖)	3 152.80	
			生产成本——辅(机修)	2 520.00	
			制造费用——一车间	1 190.00	
			制造费用——二车间	252.00	
			制造费用——供暖车间	179.20	
			制造费用——机修车间	203.00	
			管理费用	2 604.00	
			其他业务成本——运输	1 722.00	
			应付职工薪酬——职工福利		26 187.00
总 085	31/12	计提本月折旧	制造费用——一车间	7 530.00	
			制造费用——二车间	1 058.00	
			制造费用——机修车间	1 234.56	
			制造费用——供暖车间	1 513.57	
			管理费用——折旧费	1 691.32	
			其他业务成本——运输	1 970.00	
			累计折旧		14 997.45

（续表）

总序编号	日期	摘　　要	科目名称	借方金额	贷方金额
总 086	31/12	计提短期借款利息	财务费用	550.00	
			应付利息		550.00
总 087	31/12	结转辅助生产车间制造费用	生产成本——辅(机修)	40 646.56	
			制造费用——机修		40 646.56
总 088	31/12	结转辅助生产车间制造费用	生产成本——辅(供暖)	13 350.63	
			制造费用——供暖车间		13 350.63
总 089	31/12	根据辅助生产费用分配表进行交互分配的核算	生产成本——辅(供暖)	11 476.00	
			生产成本——辅(机修)		11 476.00
总 090	31/12	根据辅助生产费用分配表进行交互分配的核算	生产成本——辅(机修)	9 997.00	
			生产成本——辅(供暖)		9 997.00
总 091	31/12	根据辅助生产费用分配表进行对外分配	制造费用——一车间	77 280.00	
			制造费用——二车间	37 094.40	
			管理费用	9 273.29	
			其他业务成本——运输	15 456.00	
			生产成本——辅(机修)		139 103.69
总 092	31/12	根据辅助生产费用分配表进行对外分配	制造费用——一车间	56 360.00	
			制造费用——二车间	24 798.40	
			管理费用	13 524.92	
			其他业务成本——运输	6 763.20	
			生产成本——辅(供暖)		101 446.52
总 093	31/12	结转基本车间的制造费用	生产成本——基(M)	176 135.53	
			生产成本——基(H 半)	16 051.06	
			生产成本——基(H)	78 960.23	
			制造费用——一车间		192 186.59
			制造费用——二车间		78 960.23
总 094	31/12	根据生产成本——基(M)明细账结转完工入库 M 产品的成本	库存商品——M 产品	679 974.12	
			生产成本——基(M)		679 974.12
总 095	31/12	根据生产成本——基(H 半)明细账结转完工入库 H 半产品成本	自制半成品(H 半)	62 014.20	
			生产成本——基(H 半)		62 014.20
总 096	31/12	结转发出自制半产品成本	生产成本——基(H)	51 057.10	
			自制半成品——H 半成品		51 057.10

（续表）

总序编号	日期	摘 要	科 目 名 称	借 方 金 额	贷 方 金 额
总 097	31/12	根据生产成本——基(H)明细账结转完工入库H产品的成本	库存商品——H产品	145 550.02	
			生产成本——基(H)		145 550.02
总 098	31/12	结转M产品销售成本(根据产品销售发出汇总表)	主营业务成本——M产品	515 070.00	
			库存商品——M产品		515 070.00
总 099	31/12	结转分期收款发出H产品成本600件	发出商品——H产品	39 690.00	
			库存商品——H产品		39 690.00
总 100	31/12	结转已收款的H产品销售成本	主营业务成本——H产品	99 240.00	
			发出商品——H产品		13 232.00
			库存商品——H产品		86 008.00
总 101	31/12	计提坏账准备	资产减值损失	2 467.50	
			坏账准备		2 467.50
总 102	31/12	无形资产摊销	管理费用——无形资产摊销	500.00	
			累计摊销		500.00
总 103	31/12	摊销本月应负担长期待摊费用	管理费用——长期待摊费用	625.00	
			长期待摊费用——房屋大修理费		625.00
总 104	31/12	计提产品销售税金及附加	其他业务成本——运输	1 575.76	
			应交税费——营业税		1 432.50
			应交税费——城建税		100.28
			应交税费——教育费附加		42.98
总 105	31/12	月末结转销售收入及其他业务收入	其他业务收入——运输	47 750.00	
			其他业务收入——销材料	26 800.00	
			主营业务收入——M产品	900 000.00	
			主营业务收入——H产品	150 000.00	
			营业外收入	17 200.00	
			本年利润		1 141 750.00
总 106	31/12	月末结转管理费用、财务费用、产品销售成本、产品销售费用及其他业务成本	本年利润	778 818.30	
			管理费用		77 504.84
			财务费用		6 230.00
			销售费用		2 900.00
			主营业务成本——M产品		515 070.00

（续表）

总序编号	日期	摘要	科目名称	借方金额	贷方金额
总 106	31/12	月末结转管理费用、财务费用、产品销售成本、产品销售费用及其他业务成本	主营业务成本——H 产品		99 240.00
			其他业务成本——运输		55 005.96
			其他业务成本——销材料		20 400.00
			资产减值损失		2 467.50
总 107	31/12	计算所得税	所得税费用	223 155.42	
			应交税费——所得税		223 155.42
总 108	31/12	结转所得税	本年利润	223 155.42	
			所得税费用		223 155.42
总 109	31/12	提取盈余公积	利润分配——提取盈余公积	100 419.94	
			盈余公积——法定盈余公积		66 946.63
			盈余公积——任意盈余公积		33 473.31
总 110	31/12	向投资者分配利润	利润分配——应付利润	200 839.88	
			应付股利		200 839.88
总 111	31/12	结转本年利润	本年利润	669 466.28	
			利润分配——未分配利润		669 466.28
总 112	31/12	结转利润分配各明细账户	利润分配——未分配利润	301 259.82	
			利润分配——提盈余公积		100 419.94
			利润分配——应付利润		200 839.88

二、 计算表格

业务号 011

1. 贴现利息：30 000×10%÷12×2＝500(元)
2. 实收贴现款：30 000－500＝29 500(元)

业务号 076

发出甲材料及成本差异汇总表

单位：元

领用单位	用途	材料名称	单位	数量	计划单价	计划成本	差异率	差异额	实际成本
一车间	M 产品	甲	千克	4 500	62.00	279 000.00	－1.322 4%	－3 689.5	275 310.50
一车间	耗用	甲	千克	200	62.00	12 400.00		－163.98	12 236.02
机修车间	生产耗用	甲	千克	1 200	62.00	74 400.00		－983.87	73 416.13

（续表）

领用单位	用途	材料名称	单位	数量	计划单价	计划成本	差异率	差异额	实际成本
供暖车间	生产耗用	甲	千克	800	62.00	49 600.00		−655.91	48 944.09
厂　部	耗用	甲	千克	300	62.00	18 600.00		−245.97	18 354.03
合　计		甲	千克	7 000		434 000.00	−1.322 4%	−5 739.23	428 260.77

$$差异率=\frac{-20\ 920}{1\ 581\ 992}\times100\%=-1.322\ 4\%$$

业务号 077

发出配件及成本差异汇总表

××年 12 月 31 日

领用单位	用途	单位	数量	计划单价	计划成本	差异率	差异额	实际成本
一车间	修理	只	150	10.00	1 500.00	2%	30	1 530.00
二车间	修理	只	100	10.00	1 000.00	2%	20	1 020.00
机修车间	修理	只	1 700	10.00	17 000.00	2%	340	17 340.00
销售成本	其他销售	只	2 000	10.00	20 000.00	2%	400	20 400.00
运输	耗用	只	800	10.00	8 000.00	2%	160	8 160.00
合　计					47 500.00	2%	950	48 450.00

$$配件成本差异率=\frac{3\ 384}{169\ 200}\times100\%=2\%$$

业务号 078

结转发出机物料汇总表

××××年 12 月 31 日

领用单位	用途	单位	数量	计划单价	计划成本	差异率	差异额	实际成本
一车间	耗用	千克	800	16.00	12 800.00	2.785 7%	+356.57	13 156.57
二车间	耗用	千克	600	16.00	9 600.00	2.785 7%	+267.43	9 867.43
机修车间	耗用	千克	700	16.00	11 200.00	2.785 7%	+312.00	11 512.00
供暖车间	耗用	千克	500	16.00	8 000.00	2.785 7%	+222.86	8 222.86
厂　部	耗用	千克	400	16.00	6 400.00	2.785 7%	+178.28	6 578.28
合　计			3 000		48 000.00	2.785 7%	+1 337.14	49 337.14

$$机物料成本差异率=\frac{1\ 560}{56\ 000}\times100\%=2.785\ 7\%$$

业务号 079

$$丙材料成本差异率=\frac{5\ 720.00}{120\ 000.00}\times100\%=4.766\ 7\%$$

丙材料及成本差异分配计算表

××××年 12 月 31 日

名　　称	单位	数量	计划单价	计划成本	差异率	差异额	实际成本
丙材料	千克	2 734.38	30.00	82 031.40	4.766 7%	3 910.19	85 941.59

业务号 080

领用乙材料：一车间(用于 H 半成品)500 公斤+200 公斤+300 公斤=1 000(公斤)

已知：乙材料采用月末一次加权平均法

计算：$乙材料加权平均单价=\frac{141\ 934}{4\ 900}=28.97(元/件)$

H 半成品耗用：28.97×1 000=28 970(元)

业务号 081

低值易耗品分配表(一次摊销)

20××年 12 月　　　　单位：元

分配对象	领用部门	明细项目	计划成本	材料成本差异率		实际成本
				差异率	金额	
制造费用	一车间	低值易耗品摊销	12 000.00	3%	360.00	12 360.00
	二车间	低值易耗品摊销	2 000.00	3%	60.00	2 060.00
小计			14 000.00	3%	420.00	14 420.00
制造费用	机修车间	低值易耗品摊销	8 000.00	3%	240.00	8 240.00
	供暖车间	低值易耗品摊销	1 200.00	3%	36.00	1 236.00
小计			9 200.00	3%	276.00	9 476.00
管理费用	厂部	低值易耗品摊销	800.00	3%	24.00	824.00
其他业务支出	运输部门	低值易耗品摊销	3 000.00	3%	90.00	3 090.00
合计			27 000.00	3%	810.00	27 810.00

已知：低值易耗品采用一次摊销法

$$低值易耗品差异率=\frac{3\ 930}{131\ 000}\times100\%=3\%$$

业务号 082

外购动力(电力)费用分配汇总表

20××年 12 月 31 日　　　　单位：元

应借科目			成本或费用项目	共同耗用		电费分配	
				生产工时	分配金额（分配率：　）	用电度量额	分配金额（分配率：　）
生产成本——基本生产	一车间	M 产品	燃料及动力	44 445	58 151.84		58 151.84
		H 半产品	燃料及动力	4 050	5 298.16		5 298.16
		小计		48 495	63 450.00	158 625	63 450.00
	二车间	H 产品	燃料及动力			20 000	8 000.00
		小计				20 000	8 000.00
生产成本——辅助生产	供暖车间		燃料及动力			30 000	12 000.00
	机修车间		燃料及动力			15 000	6 000.00
	小计					45 000	18 000.00
制造费用	一车间		水电费			3 000	1 200.00
	二车间		水电费			2 000	800.00
	供暖车间		水电费			1 675	670.00
	机修车间		水电费			1 125	450.00
	小计					7 800	3 125.00
管理费用			水电费			9 020	3 608.00
其他业务成本	运输部门		水电费			3 550	1 420.00
合计						243 995	97 598.00

已知：外购动力费用按产品生产工时比例在产品间进行分配。

$$电费分配率=\frac{97\ 598(56\text{笔业务})}{243\ 995}=0.4(元/度)$$

$$一车间共同耗用电费分配率=\frac{158\ 625\ 度\times 0.4(元/度)}{(44\ 445+4\ 050)工时}=1.308\ 4(元/工时)$$

业务号083　084

工资及福利费用分配汇总表

20××年12月　　　　　　　　　　单位：元

应借科目			工资 分配标准（工时）	工资 直接生产人员（分配率：　）1.7445	工资 管理人员工资	工资 工资合计	职工福利费（14%） 金额
生产成本——基本生产	一车间	M产品	44 445	77 534.30		77 534.30	10 854.81
		H半产品	4 050	7 065.70		7 065.70	989.19
		小计	48 495	84 600.00		84 600.00	11 844.00
	二车间	H产品		18 000.00		18 000.00	2 520.00
		小计		18 000.00		18 000.00	2 520.00
生产成本——辅助生产	供暖车间			22 520.00		22 520.00	3 152.80
	机修车间			18 000.00		18 000.00	2 520.00
	小计			40 520.00		40 520.00	5 672.80
制造费用	一车间				8 500.00	8 500.00	1 190.00
	二车间				1 800.00	1 800.00	252.00
	供暖车间				1 280.00	1 280.00	179.20
	机修车间				1 450.00	1 450.00	203.00
	小计				13 030.00	13 030.00	1 824.20
管理费用					18 600.00	18 600.00	2 604.00
其他业务成本	运输部门				12 300.00	12 300.00	1 722.00
合计				14 312.00	43 930.00	187 050.00	26 187.00

工资及福利费用分配汇总表

已知：工时(3)P9 $\begin{cases} \text{M44 445 工时} \\ \text{H 半 4 050 工时} \end{cases}$

一车间直接人工分配率$=\dfrac{84\ 600}{48\ 495}=1.744\ 5$(元/工时)

M产品生产工人工资＝44 445×1.744 5＝77 534.30(元)

H 半产品生产工人工资＝4 050×1.744 5＝7 065.70(元)

总计 84 600 元

业务号 085

折旧费用分配汇总表

20××年 12 月　　　　单位：元

应借科目	车间部门		本月应计提折旧的固定资产原值	月折旧率‰	折旧额
制造费用	一车间	房屋	300 000.00	5.4	1 620.00
		设备	600 000.00	9.85	5 910.00
	二车间	房屋	50 000.00	5.4	270.00
		设备	80 000.00	9.85	788.00
制造费用一辅助生产	机修	房屋	120 000.00	5.4	648.00
		设备	59 549.00	9.85	586.56
	供暖	房屋	150 000.00	5.4	810.00
		设备	71 428.00	9.85	703.57
管理费用	厂部	房屋	150 000.00	5.4	810.00
		汽车	89 474.00	9.85	881.32
其他业务成本	运输	汽车	200 000.00	9.85	1 970.00
合计			1 870 451.00	—	14 997.45

业务号 086

计提费用分配表

20××年 12 月　　　　单位：元

费用种类	应借科目		计算过程	应贷金额
	总账	明细账		
短期借款利息	财务费用	利息支出	100 000×9％÷360×22	550.00
合计				

注：找“短期借款”账，查 29 笔业务

天数：12 月 31 日至 12 月 9 日共 22 天

业务号 087

制造费用分配表

修理车间　　20××年 12 月　　单位：元

应借科目		分配标准	分配金额
辅助生产成本	修理车间		40 646.56
合计			40 646.56

业务号 088

制造费用分配表

供暖车间　　20××年 12 月　　单位：元

应借科目		分配标准	分配金额
辅助生产成本	供暖车间		13 350.63
合计			13 350.63

业务号 089、090、091、092

计算：1. 生产成本—辅—供暖　账户借方合计：99 967.52 元

生产成本—辅—机修　账户借方合计：140 582.69 元

2. 资料：

辅助生产劳务供应量统计表

耗用单位	计量单位	基本生产		辅助生产		运输	厂部	合计
		一车间	二车间	供暖车间	机修车间			
机修车间	工时	25 000	12 000	4 000		5 000	3 000	49 000
供暖车间	立方米	25 000	11 000		5 000	3 000	6 000	50 000

3. 资料：辅助生产费用分配，采用一次交互分配法

用交互分配法进行分配

解：1. 交互分配

$$供暖分配率=\frac{99\ 967.52}{50\ 000}=1.999\ 4(元/立方米)$$

$$机修分配率=\frac{140\ 582.69}{49\ 000}=2.869\ 0(元/工时)$$

机修耗用供暖费用＝5 000 立方米×1.999 4 元/立方米＝9 997(元)

供暖车间耗用修理＝4 000工时×2.869 0元/工时＝11 476(元)

机修车间的实际费用＝140 582.69－11 476＋9 997＝139 103.69(元)

供暖车间的实际费用＝99 967.52＋11 476－9 997＝101 446.52(元)

一车间　修理费＝25 000×3.091 2＝77 280(元)　　一车间供暖费＝25 000×2.254 4＝56 360(元)

二车间　修理费＝12 000×3.091 2＝37 094.40(元)　　二车间供暖费＝11 000×2.254 4＝24 798.40(元)

运　输　修理费＝5 000×3.091 2＝15 456(元)　　运输供暖费＝3 000×2.254 4＝6 763.20(元)

厂　部　修理费＝3 000×3.091 2＝9 273.60(元)　　厂部供暖费＝6 000×2.254 4＝13 526.40(元)

解：2. 对外分配

$$机修分配率=\frac{139\ 103.69}{25\ 000+12\ 000+5\ 000+3\ 000}=\frac{139\ 103.69}{45\ 000}=3.091\ 2(元/工时)$$

$$供暖分配率=\frac{101\ 446.52}{25\ 000+11\ 000+3\ 000+6\ 000}=\frac{101\ 446.52}{45\ 000}=2.254\ 4(元/工时)$$

辅助生产费用分配表

（交互分配法）　　20××年12月　　单位：元

项目			交互分配			对外分配		
辅助生产车间名称			机修车间	供暖车间	合计	机修车间	供暖车间	合计
待分配费用			140 582.69	99 967.52		139 103.69	101 446.52	24 550.21
供应劳务总量			49 000.00	50 000.00		45 000	45 000	
费用分配率(单位成本)			2.869 0	1.999 4		3.091 2	2.254 4	
供暖车间耗用		数量	4 000					
		金额	11 476.00		11 476.00			
机修车间耗用		数量		5 000				
		金额		9 997.00	9 997.00			
制造费用	一车间耗用	数量				25 000	25 000	
		金额				77 280.00	56 360.00	133 640.00
	二车间耗用	数量				12 000	11 000	
		金额				37 094.40	24 798.40	61 892.80
管理费用	厂部耗用	数量				3 000	6 000	
		金额				9 273.29	13 524.92	22 798.21
其他业务支出	运输部门耗用	数量				5 000	3 000	
		金额				15 456.00	6 763.20	22 219.20
合计						139 103.69	101 446.52	240 550.21

业务号 093

制造费用分配表

基本生产车间　　　　20××年12月　　　　单位：元

分配对象		分配标准（工　时）	分配率	分配金额
一车间	M产品	44 445		176 135.53
	H半产品	4 050		16 051.06
小　计		48 495	3.963 0	192 186.59
二车间				78 960.23
合　计				271 146.82

计算：一车间，制造费用借方合计：192 186.59　　　　二车间：78 960.23

资料：(1) 按工时比例法分配。

(2) 工时统计表。

$$一车间制造费用分配率=\frac{192\ 186.59}{44\ 445+4\ 050}=3.963\ 0$$

M负担一车间制造费用=44 445×3.963 0=176 135.53(元)

H半负担一车间制造费用=4 050×3.963 0=16 051.06(元)

业务号 094

M产品成本的计算

资料：M产品的在产品成本采用约当产量法计算

M产品采用品种法，月初在产品300件，本月投入量12 000件

月末在产品盘存数量350件，平均完工程度50%，本月产出量11 950件

M产品生产成本明细账

20××年12月

产品	成本项目	直接材料	燃料动力	工资及福利费	制造费用	合　计
M产品	期初余额	8 964.00	5 36.00	600.00	1 157.00	11 257.00
	本月发生额	361 252.09	58 151.84	88 389.11	176 135.53	683 928.57
	合　计	370 216.09	58 678.84	88 989.11	177 292.53	695 185.57
	完工产品	359 695.00	57 840.39	87 704.64	174 734.09	679 974.12
	在产品	10 521.09	847.45	1 284.47	2 558.44	15 211.45

$$直接材料分配率=\frac{370\ 216.09}{11\ 950+350}=30.10(元/件)$$

完工负担材料：11 950×30.10=359 695.00(元)

在产负担材料：370 216.09－359 695.00=10 521.09(元)

$$动力分配率=\frac{58\ 687.84}{11\ 950+350\times 50\%}=4.840\ 2(元/件)$$

完工产品负担：11 950×4.840 2=57 840.39(元)

在产产品负担：58 687.84－57 840.39=847.45(元)

$$直接人工分配率=\frac{88\ 989.11}{11\ 950+350\times 50\%}=7.339\ 3(元/件)$$

完工产品负担：11 950×7.339 3=87 704.64(元)

在产产品负担：88 989.11－87 704.64=1 284.47(元)

$$制造费用分配率=\frac{177\ 292.53}{11\ 950+350\times 50\%}=14.622\ 1(元/件)$$

完工产品=11 950×14.622 1=174 734.09(元)

在产产品=177 292.53－174 734.09=2 558.44(元)

业务号 095

H 半成品的计算

资料：在产品成本采用约当产量法计算(材料一次投入)

月初在产 300 件，本月投入 2 780 件，月末在产品 80 件，完工程度 50%，本月产出 3 000件，H 半成品生产成本明细账。

H 半成品生产成本明细账

	直接材料	燃料动力	直接人工	制造成本	合　　计
期初余额	3 126.00	347.20	672.44	738.36	4 884.00
本月发生额	28 970.00	5 298.16	8 054.89	16 051.06	58 374.11
合　　计	32 096.00	5 645.36	8 727.33	16 789.42	63 258.11
完工产品成本	31 262.40	5 571.00	8 612.40	16 568.40	62 014.20
在产品成本	833.60	74.36	114.93	211.01	1 243.91

解：直接材料分配率$=\frac{32\ 096}{3\ 000+80\times100\%}=10.420\ 8$(元/件)

完工产品$=3\ 000\times10.420\ 8=31\ 262.40$(元)

在产品$=32\ 096-31\ 262.4=833.60$(元)

燃料动力分配率$=\frac{5\ 645.36}{3.000+80\times50\%}=1.857\ 0$(元)

完工产品$=3\ 000\times1.857\ 0=5\ 571.00$(元)

在产品$=5\ 645.36-5\ 571=74.36$(元)

直接人工分配率$=\frac{8\ 727.33}{3\ 040}=2.870\ 8$(元)

完工产品$=3\ 000\times2.870\ 8=8\ 612.40$(元)

在产品$=8\ 727.33-8\ 612.4=114.93$(元)

制造费用分配率$=\frac{16\ 789.42}{3\ 040}=5.522\ 8$(元)

完工产品$=3\ 000\times5.522\ 8=16\ 568.40$(元)

在产品$=16\ 789.41-16\ 568.4=221.01$(元)

H 半成品单位成本$=\frac{62\ 014.20}{3\ 000}=20.67$(元)

业务号 096

自制半成品发出汇总表

20××年 12 月　　　　单位：元

应借科目	数量	单位成本	总成本
生产成本——基(H)	1 000	20.05	20 050.00
	1 500	20.671 4	31 007.10
合计	2 500	—	51 057.10

业务号 097

H 产品生产成本明细账

	半成品	直接材料	燃料动力	直接人工	制造费用	合计
本月发生额	51 057.10		8 000.00	20 520.00	78 960.23	158 537.33
合计	51 057.10		8 000.00	20 520.00	78 960.23	158 537.33
完工产品	44 930.16		7 489.46	19 210.18	73 920.22	145 550.02
在产品	6 126.94		510.54	1 309.82	5 040.01	12 987.31

半成品分配率$=\frac{51\ 057.10}{2\ 200+300}=20.422\ 8$

完工产品＝2 200×20.422 8＝44 930.16

在产品＝51 057.10－44 930.16＝6 126.94

燃料动力分配率$=\frac{8\ 000.00}{2\ 200+300\times 50\%}=3.404\ 3$

完工产品＝2 200×3.404 3＝7 489.46

在产品＝8 000.00－7 489.46＝510.54

直接人工分配率$=\frac{20\ 520.00}{2\ 200+300\times 50\%}=8.731\ 9$

完工产品＝2 200×8.731 9＝19 210.18

在产品＝20 520－19 210.18＝1 309.82

制造费用分配率$=\frac{78\ 960.23}{2\ 200+300\times 50\%}=33.600\ 1$

完工产品＝2 200×33.600 1＝73 920.22

在产品＝78 960.23－73 920.22＝5 040.01

H 产品的计算

资料：H 产品采用综合结转的逐步结转分步法，并进行成本还原

H 产品的在产品成本采用约当产量法计算(材料一次投入)

H 产品本月投入 2 500 件，月末在产 300 件，完程 50%，完工 2 200 件

产品成本还原计算表

项目	产量(件)	还原分配率	半成品	直接材料	直接人工	燃料动力	制造费用	合计
还原前产成品成本			44 930.16		19 210.18	7 489.46	73 920.22	145 550.02
本月所产半成品成本				31 262.40	8 612.40	5 571.00	16 568.40	62 014.20
成品成本中半成品费用还原		0.724 5	－44 930.16	22 649.61	6 239.68	4 036.19	12 004.68	0
还原后产成品成本				22 649.61	25 449.86	11 525.65	85 924.90	145 550.02
还原后产成品单位成本				10.30	11.57	5.24	39.06	66.17

还原分配率$=\frac{44\ 930.16}{62\ 014.20}=0.724\ 5$

直接材料费＝31 262.40×0.724 5＝22 649.61(元)

直接人工费＝8 612.40×0.724 5＝6 239.68(元)

燃料动力＝5 571.00×0.724 5＝4 036.19(元)

制造费用＝44 930.16－22 649.61－6 239.68－4 036.19＝12 004.68(元)

产品成本汇总表

20××年 12 月　　　　单位：元

应借科目	产品名称	产量	总成本或单位成本	直接材料	燃料动力	直接人工	制造费用	成本合计
产成品	M 产品		总成本	359 695.00	57 840.39	87 704.64	174 734.09	679 974.12
			单位成本	30.10	4.84	7.34	14.62	56.90
	H 半成品		总成本	31 262.40	5 571.00	8 612.40	16 568.40	62 014.20
			单位成本	10.42	1.86	2.87	5.52	20.67
	H 产品		总成本	44 930.16	7 489.46	19 210.18	73 920.22	145 550.02
			单位成本	20.42	3.41	8.73	33.60	66.16
合　计			总成本	605 676.78	70 907.80	115 538.22	265 304.17	1 057 426.94

库存商品发出汇总表

20××年 12 月　　　　单位：元

品　　名		数　　量	单位成本	总　成　本
M 产品		9 000	57.23	515 070.00
H 产品	现销	1 300	66.16	86 008.00
	赊销	600	66.16	39 696.00
合　　计				1 414 774.00

业务号 098　M 产品平均单价$=\frac{118\ 416.12+679\ 974.12}{2\ 000+11\ 950}=57.23$(元/件)

销售 M 产品成本＝9 000 件 ×57.23 元/件＝515 070.00(元)

业务号 099、100

①分期收款发出 H 产品 600 件，600 件×66.16 元/件＝39 696.00(元)

其中收回货款 200 件销售成本，200 件×66.16 元/件＝13 232.00(元)

②其余销售 H 产品成本，1 300×66.16＝86 008.00(元)

业务号 101

坏账准备提取计算表

20××年 12 月 31 日　　　　单位：元

项目	应收账款 期末余额	计　提 比　例	应计提 金　额	坏账准备账户 余额(借＋)(货－)	实际提取 金　　额
	585 900.00	5‰	2 929.50	－462.00	2 467.50
合　　计	585 900.00	5‰	2 929.50	－462.00	2 467.50

业务号 102

无形资产摊销计算表

20××年 12 月 31 日　　　　单位：元

项　　目	计　算　过　程	金　　额
非专利技术	60 000÷10(年)÷12(月)	500.00
	(资料 007 笔业务)	
合　　计		500.00

制表：

业务号 103

长期待摊费用摊销计算表

20××年 12 月 31 日　　　　单位：元

项　　目	递　延　资　产	摊　销　期　限	摊　销　金　额	备　　注	
大修理费	15 000.00	24 月	625.00		
	资料 072 笔业务				
合　　计			625.00		

制表：

业务号 104

××税务局 营业税、资源税 城市维护建设税 教育费附加 纳税(费)申报表

申报单位名称：友华机械厂　　经济性质：国有企业　税款所属日期××××年12月　　单位：元

税种	纳税项目	计税金额（销售或自用数量）	税率或单位税额	应纳税额	已纳税额	本期应补(退)税额	税务机关审核
营业税	运输	47 750.00	3%	1 432.50		1 432.50	
城建税		（增值税＋营业税）0＋1 432.50	7%	100.28		100.28	
教附加		1 432.50	3%	42.98		42.98	
合计				1 575.76		1 575.76	

申报单位盖章：　负责人(签章)：　经办人员(签章)：　税务机关受理申报日期　年　月　日　审核人(签章)：

注：1. 不同税目税率的业务应分格次填写。

2. 纳税人无论当月有无销售额，均应在次月十日前向当地税务机关申报。

3. 此表一式二份，税务机关审核后留存一份，返回申报单位一份。

4. 纳税单位代码章加盖在本表右上角处。

资料：其他业务收入—运输账户借余 47 750.00(元)

营业税＝47 750×3%＝1 432.50
城建税＝1 432.5×7%＝100.28
教附加＝1 432.5×3%＝42.98
（以上）列“其他业务成本”账户

应交增值税＝“应交税费—应交增值税”账户(贷方－借方)＝－1 512.66(元)

余额在借方，不纳增值税

业务号 107

本年应纳税所得额：529 690.00＋1 141 750.00－778 818.30＝892 621.70(元)

本年应纳所得税额：892 621.70×25%＝223 155.42(元)

本年净利润：892 621.70－223 155.42＝669 466.28(元)

业务号 109

法定盈余公积：669 466.28×10%＝66 946.63(元)

任意盈余公积：669 466.28×5%＝33 473.31(元)

业务号 110

分配给投资者利润＝669 466.28×30％＝200 839.88(元)

本年未分配利润：669 466.28－66 946.63－33 473.31－200 839.88＝368 206.46(元)

三、 会计报表

资 产 负 债 表

会企 01 表

编制单位：友华机械工厂　　20××年　12 月　31 日　　单位：元

资　　产	期末余额	年初余额	负债和所有者权益（或股东权益）	期末余额	年初余额
流动资产：		略	流动负债：		略
货币资金	1 925 539.22		短期借款	100 000.00	
交易性金融资产			交易性金融负债		
应收票据			应付票据	17 550.00	
应收账款	582 970.50		应付账款	152 300.00	
预付款项			预收款项		
应收利息			应付职工薪酬	222 081.00	
应收股利			应交税费	223 218.52	
其他应收款	11 890.00		应付利息	550.00	
存货	1 924 610.53		应付股利	200 839.88	
一年内到期的非流动资产			其他应付款		
其他流动资产			一年内到期的非流动负债		
流动资产合计	4 445 010.25		其他流动负债		
非流动资产：			流动负债合计	916 539.40	
可供出售金融资产			非流动负债：		
持有至到期投资			长期借款		
长期应收款			应付债券		
长期股权投资			长期应付款		
投资性房地产			专项应付款		
固定资产	1 189 899.45		预计负债		
在建工程	404 503.00		递延所得税负债		
工程物资			其他非流动负债		
固定资产清理			非流动负债合计		
生产性生物资产			负债合计		
油气资产			所有者权益(或股东权益)：		
无形资产	59 500.00		实收资本(或股本)	4 500 000.00	

（续表）

资　　产	期末余额	年初余额	负债和所有者权益（或股东权益）	期末余额	年初余额
开发支出			资本公积	5 000.00	
商誉			减：库存股		
长期待摊费用	14 375.00		盈余公积	213 541.94	
递延所得税资产			未分配利润	478 206.46	
其他非流动资产			所有者权益(或股东权益)合计	5 196 748.40	
非流动资产合计	1 668 277.55				
资产总计	6 113 287.80		负债和所有者权益（或股东权益）总计	6 113 287.80	

利　润　表

会企 02 表

编制单位：友华机械工厂　　　　20××年　12 月　　　　单位：元

项　　目	本期金额	上期金额
一、营业收入	1 124 550.00	略
减：营业成本	689 715.96	
营业税金及附加		
销售费用	2 900.00	
管理费用	77 504.84	
财务费用	6 230.00	
资产减值损失	2 467.50	
加：公允价值变动收益(损失以“－”号填列)		
投资收益(损失以“－”号填列)		
其中：对联营企业和合营企业的投资收益		
二、营业利润(亏损以“－”号填列)	345 731.70	
加：营业外收入	17 200.00	
减：营业外支出		
其中：非流动资产处置损失		
三、利润总额(亏损总额以“－”号填列)	362 931.70	
减：所得税费用	90 732.93	
四、净利润(净亏损以“－”号填列)	272 198.77	
五、每股收益		
(一)基本每股收益		
(二)稀释每股收益		

现 金 流 量 表

会企 03 表

编制单位：友华机械工厂　　20××年 12 月　　单位：元

项　目	行次	金额
一、经营活动产生的现金流量		
销售商品、提供劳务收到的现金	1	777 066.00
收到的税费返还	3	
收到的其他与经营活动有关的现金	8	2 000.00
经营活动现金流入小计	9	779 066.00
购买商品、接收劳务支付的现金	10	1 201 069.66
支付给职工以及为职工支付的现金	12	176 890.00
支付的各项税费	13	27 886.00
支付的其他与经营活动有关的现金	18	17 721.00
经营活动现金流出小计	20	1 423 566.66
经营活动产生的现金流量净额	21	−644 500.66
二、投资活动产生的现金流量		
收回投资所收到的现金	22	
取得投资收益所收到的现金	23	
处置固定资产、无形资产和其他长期资产所收回的现金净额	25	−800.00
收到的其他与投资活动有关的现金	28	
投资活动现金流入小计	29	−800.00
购建固定资产、无形资产和其他长期资产所支付的现金	30	60 000.00
投资所支付的现金	31	
支付的其他与投资活动有关的现金	35	
投资活动现金流出小计	36	60 000.00
投资活动产生的现金流量净额	37	−60 800.00
三、筹资活动产生的现金流量		
吸收投资收到的现金	38	500 000.00
取得借款收到的现金	40	100 000.00
收到的其他与筹资活动有关的现金	43	
筹资活动现金流入小计	44	600 000.00
偿还债务所支付的现金	45	60 000.00
分配股利、利润或偿付利息所支付的现金	46	1 500.00
支付的其他与筹资活动有关的资金	52	
筹资活动现金流出小计	53	61 500.00
筹资活动产生的现金流量净额	54	538 500.00
四、汇率变动对库存现金及现金等价物的影响	55	
五、现金及现金等价物净增加额	56	−166 800.66
加：期初现金及现金等价物余额		2 092 339.88
六、期末现金及现金等价物余额	57	1 925 539.22

四、 会计账簿（T型账）

（一）总　　账

库存现金

借	贷
余：3 210.58	180 310.00
179 520.00	
余：2 420.58	

银行存款

借	贷
余：2 089 129.30	1 655 276.66
1 439 266.00	
余：1 873 118.64	

其他货币资金

借	贷
110 000.00	60 000.00
余：50 000.00	

应收票据

借	贷
余：30 000.00	30 000.00

应收账款

借	贷
余：14 680.00	355 040.00
794 260.00	
余：585 900.00	

坏账准备

借	贷
300.00	余：602.00
	2 627.50
	余：2 929.50

预付账款

借	贷
余：48 280.00	98 280.00
50 000.00	

其他应收款

借	贷
余：16 100.00	4 360.00
150.00	
余：11 890.00	

材料采购

借	贷
888 400.00	888 400.00

在途物资

借	贷
110 023.00	110 023.00

原材料

借	贷
余：1 068 303.00	646 501.40
1 008 823.00	
余：1 430 624.60	

周转材料

借	贷
余：131 000.00	27 000.00
7 500.00	
余：111 500.00	

材料成本差异

借	贷
余：2 074.00	15 988.10
6 320.00	
	余 7 594.10

委托加工物资

借	贷
7 500.00	7 500.00

库存商品

借	贷
余：118 416.12	640 768.00
825 524.14	
余：303 172.26	

自制半成品	
余：20 050.00	51 057.10
62 014.20	
余：31 007.10	

发出商品	
39 690.00	13 232.00
余：26 458.00	

固定资产	
余：1 870 451.00	30 000.00
15 000.00	
余：1 855 451.00	

累计折旧	
29 000.00	余：679 554.10
	14 997.45
	余：665 551.55

固定资产清理	
2 000.00	2 000.00

在建工程	
余：404 503.10	
余：404 503.10	

无形资产	
60 000.00	
余：60 000.00	

累计摊销	
	500.00
	余 500.00

长期待摊费用	
15 000.00	625.00
余：14 375.00	

短期借款	
60 000.00	余：60 000.00
	100 000.00
	余：100 000.00

应付票据	
	17 550.00
	余：17 550.00

应付账款	
115 148.00	余：134 750.00
	132 698.00
	余：152 300.00

预收账款	
117 000.00	余：117 000.00

其他应付款	
660.00	余：660.00

应付职工薪酬	
176 230.00	余：185 074.00
	213 237.00
	余：222 081.00

应交税费	
212 454.66	余：27 886.00
	407 787.18
	余：223 218.52

应付股利	
	200 839.88
	余：200 839.88

应付利息	
1 000.00	余：1 000.00
	550.00
	余：550.00

实收资本

	余：4 000 000.00
	500 000.00
	余：4 500 000.00

资本公积

	余：5 000.00
	余：5 000.00

盈余公积

	余：113 122.00
	100 419.94
	余：213 541.94

本年利润

1 671 440.00	余：529 690.00
	1 141 750.00

利润分配

301 259.82	余：110 000.00
	669 466.28
	余：478 206.46

生产成本

余：16 141.00	1 149 561.55
1 162 863.22	
余：29 442.67	

制造费用

325 144.01	325 144.01

主营业务收入

1 050 000.00	1 050 000.00

主营业务成本

614 310.00	614 310.00

销售费用

2 900.00	2 900.00

其他业务收入

74 550.00	74 550.00

其他业务成本

75 405.96	75 405.96

管理费用

77 504.84	77 504.84

财务费用

6 230.00	6 230.00

资产减值损失

2 467.50	2 467.50

营业外收入

17 200.00	17 200.00

所得税费用

223 155.42	223 155.42

（二）明　细　账

库存现金日记账

初：3 210.58	⑨175 000.00
⑧175 000.00	⑩150.00
⑳4 360.00	㉑4 360.00
(74)160.00	(60)800.00
余：2 420.58	

银行存款日记账

初：2 089 129.30	①291 170.00
②6 300.00	⑥60 000.00
③2 000.00	⑧175 000.00
⑪29 500.00	⑫50 000.00
㉑4 360.00	⑬660.00
㉒500 000.00	⑭10 045.00
㉙100 000.00	⑰1 000.00
㉝58 500.00	㉕27 886.00
㉞13 600.00	㉖29 484.00
㊱105 580.00	㉘2 581.00
㊲292 500.00	㉚1 000.00
㊳15 000.00	㉛27 567.00
㊶23 400.00	㉟1 230.00
㊺12 000.00	㊴284 000.00
㊽31 356.00	㊷1 810.00
(63)8 500.00	㊸16 025.00
(67)7 350.00	㊻19 224.00
(75)229 320.00	㊾1 755.00
	(52)2 900.00
	(54)354 250.00
	(56)114 189.66
	(64)50 000.00
	(69)1 000.00
	(70)61 500.00
	(71)56 000.00
	(72)15 000.00
余：1 873 118.64	

其他货币资金——银行汇票

⑥60 000.00	⑦60 000.00
(64)50 000.00	
余：50 000.00	

应收账款——前进厂

初：105 580.00	㊱105 580.00

应收账款——商贸公司

初：15 000.00	㊳15 000.00

应收账款——华兴公司

初：300.00	(57)300.00

应收账款——开源厂

(51)234 000.00	(75)234 000.00

应收账款——华南厂

初：10 000.00	
(61)93 600.00	
余：103 600.00	

应收账款——大众汽车厂

初：10 000.00	
⑲175 500.00	
余：185 500.00	

应收账款——×钢厂

初：5 000.00	
(68)234 000.00	
(69)1 000.00	
余：240 000.00	

应收账款——长虹公司

初：800.00	
(71)56 000.00	
余：56 800.00	

坏账准备

(57)300.00	初：602.00
	(73)160.00
	(101)2 467.50
	余：2 929.50

预付账款——市第二物资公司

初：48 280.00	㉓98 280.00
⑫50 000.00	

其他应收款——王力

初：2 100.00	
⑩150.00	
余：2 250.00	

其他应收款——李伟

初：5 000.00	
余：5 000.00	

其他应收款——张明

初：9 000.00	⑳4 360.00
余：4 640.00	

原材料——甲

初：(13 116×62) 813 192.00	(76)(7 000×62) 434 000.00
⑤(2 000×62) 124 000.00	
㉔(1 400×62) 86 800.00	
㊵(400×62) 248 000.00	
(55)(5 000×62) 310 000.00	
余：1 147 992.00	

应收票据——华强商厦

初：30 000.00	⑪30 000.00

原材料——乙

初：(1 100×29.01) 31 911.00 ⑱(1 000×31) 31 000.00 ㉗(900×28) 25 200.00 ㉜(800×29.53) 23 623.00 ㊹(500×27.46) 13 730.00 ㊼(600×27.45) 16 470.00	(80)(1 000×28.97) 28 970.00
余：112 964.00	

原材料——丙

⑤(4 000×30) 120 000.00	(79)(2 374.38×30) 82 031.40
余：35 594.22	

原材料——木板

初：(12×500) 6 000.00	④(12×500) 6 000.00

原材料——配件

初：(16 920×10) 169 200.00	(77)(4 750×10) 47 500.00
余：121 700.00	

应收账款——金城修理

(73)160.00	(74)160.00

周转材料——包装箱

㊿(500×15) 7 500.00	
余：7 500.00	

周转材料——低值易耗品

初：(13 100×10) 131 000.00	(81)(2 700×10) 27 000.00
余：104 000.00	

材料采购——甲

①123 630.00 ㉓84 000.00 ㊴243 200.00 (54)303 250.00	⑤123 630.00 ㉔84 000.00 ㊵243 200.00 (55)303 250.00

在途物资——乙

⑯30 000.00 ⑰1 000.00 ㉖25 200.00 ㉛23 623.00 ㊸13 730.00 ㊻16 470.00	⑱31 000.00 ㉗25 200.00 ㉜23 623.00 ㊹13 730.00 ㊼16 470.00

材料采购——丙

①125 720.00	⑤125 720.00

材料采购——机物料

⑭8 600.00	⑮8 600.00

材料成本差异——甲

	初：6 200.00 ⑤370.00 ㉔2 800.00 ㊵4 800.00 (55)6 750.00 (76)5 739.23
	余：15 180.77

材料成本差异——丙

⑤5 720.00	(79)3 910.19
余：1 809.81	

材料成本差异——配件

初：3 384.00	(77)950.00
余：2 434.00	

材料成本差异——机物料

初：960.00 ⑮600.00	(78)1 337.14
余：222.86	

材料成本差异——低值易耗品

初：3 930.00	(81)810.00
余：3 120.00	

库存商品——M

初：118 416.12 (2 000 件) (94)679 974.12 (11950 件)	(98)515 070.00 (9 000 件)
余：295 270.24	

原材料——机物料

初：(3 000×16) 48 000.00	(78)(3 000×16) 48 000.00
⑮(500×16) 8 000.00	
余：8 000.00	

原材料——残料

(59)2 000.00	
余：2 000.00	

发出商品——H

(99)(600件) 39 690.00	(100)(200) 13 232.00
余：26 458.00	

固定资产——生产用房屋

初：620 000.00	
余：620 000.00	

固定资产——生产用机器设备

初：810 977.00	(58)30 000.00
余：780 977.00	

固定资产——运输设备

初：200 000.00	
余：200 000.00	

固定资产——非生产用房屋

初：150 000.00	
余：150 000.00	

固定资产——非生产用设备

初：89 474.00 (62)15 000.00	
余：104 474.00	

委托加工物资——包装箱

④6 000.00 ㊾1 500.00	㊿7 500.00

自制半成品——H半

初：(1 000×20.05) 20 050.00	(96)51 057.10
(95)(3 000×20.67) 62 014.20	
余：31 007.10	

无形资产——非专利技术

⑦60 000.00	
余：60 000.00	

累计摊销

	(102)500.00
	余：500.00

长期待摊费用——房屋大修理

(72)15 000.00	(103)625.00
余：14 375.00	

制造费用——一车间

㉘844.00 (76)12 236.02 (77)1 530.00 (78)13 156.57 (81)12 360.00 (82)1 200.00 (83)8 500.00 (84)1 190.00 (85)7 530.00 (91)77 280.00 (92)56 360.00	(93)192 186.59

库存商品——H

(97)(2 200) 145 550.02	(99)(600) 39 690.00 (100)(1 300) 86 008.00
余：19 852.02	

制造费用——机修车间

㉘217.00 (77)17 340.00 (78)11 512.00 (81)8 240.00 (82)450.00 (83)1 450.00 (84)203.00 (85)1 234.56	(87)40 646.56

制造费用——供暖车间

㉘249.00 (78)8 222.86 (81)1 236.00 (82)670.00 (83)1 280.00 (84)179.20 (85)1 513.57	(88)13 350.63

短期借款——××银行

(70)60 000.00	初：60 000.00 ㉙100 000.00
	余：100 000.00

应付票据

	(53)17 550.00
	余：17 550.00

应付账款——新民配件厂

(53)17 550.00	初：17 550.00

固定资产清理——机床

(58)1 000.00	(59)2 000.00
(60)800.00	
(66)200.00	

在建工程

初：404 503.10	
余：404 503.10	

累计折旧

(58)29 000.00	初：679 554.10
	(85)14 997.45
	余：665 551.55

预收账款——民众汽车厂

(65)117 000.00	初：117 000.00

其他应付款——王娜

⑬660.00	初：660.00

应付职工薪酬——职工福利

㉟1 230.00	初：10 074.00
	(84)26 187.00
	余 35 031.00

应交税费——营业税

	(104)1 432.50
	余 1 432.50

应付职工薪酬——工资

⑨175 000.00	初：175 000.00
	(83)187 050.00
	余：187 050.00

制造费用—— 二车间

㉘210.00	㉝78 960.23
(77)1 020.00	
(78)9 867.43	
(81)2 060.00	
(82)800.00	
(83)1 800.00	
(84)252.00	
(85)1 058.00	
(91)37 094.40	
(92)24 798.40	

实收资本——国家资本

	初：3 100 000.00
	余：3 100 000.00

实收资本——洪利厂

	初：900 000.00
	余：900 000.00

资本公积

	初：5 000.00
	余：5 000.00

盈余公积——法定盈余公积

	初：75 415.00
	(109)66 946.63
	余：142 361.63

盈余公积——任意盈余公积

	初：37 707.00
	(109)33 473.31
	余：71 180.31

应付账款——海华公司

	初：117 200.00
	⑯35 100.00
	余：152 300.00

应付账款——供电局

(56)97 598.00	(82)97 598.00

利润分配——未分配利润

(112)301 259.82	初：110 000.00
	(111)669 466.28
	余：478 206.46

实收资本——三星公司

	㉒500 000.00
	余：500 000.00

应交税费——应交增值税

①41 820.00	初：8 800.00
⑭1 445.00	⑲25 500.00
⑯5 100.00	㉝8 500.00
㉓14 280.00	㊲42 500.00
㉕8 800.00	㊶3 400.00
㉖4 284.00	㊽4 556.00
㉛3 944.00	(51)34 000.00
㊴40 800.00	(61)13 600.00
㊸2 295.00	(65)17 000.00
㊻2 754.00	(68)34 000.00
㊾255.00	
(54)51 000.00	
(56)16 591.66	
余：1 512.66	

应交税费——城建税

㉕616.00	初：616.00
	(104)100.28
	余：100.28

应交税费——所得税

㉕18 206.00	初：18 206.00
	(107)223 155.42
	余 223 155.42

应交税费——教育附加

㉕264.00	初：264.00
	(104)42.98
	余：42.98

应付股利

	(110)200 839.88
	余：200 839.88

应付利息——短期借款利息

(70)1 000.00	初：1 000.00
	(86)550.00
	余 550.00

管理费用

㉘872.00	(106)77 504.84
㉚140.00	
㊷310.00	
(76)18 354.03	
(78)6 578.28	
(81)824.00	
(82)3 608.00	
(83)18 600.00	
(84)2 604.00	
(85)1 691.32	
(91)9 273.29	
(92)13 524.92	
(102)500.00	
(103)625.00	

本年利润

(106)778 818.30	初：529 690.00
(108)223 155.42	(105)1 141 750.00
(111)669 466.28	

利润分配——提取盈余公积

(109)100 419.94	(112)100 419.94

利润分配——应付利润

(110)200 839.88	(112)200 839.88

主营业务成本——M

(98)515 070.00	(106)515 070.00

主营业务成本——H

(100)99 240.00	(106)99 240.00

资产减值损失

(101)2 467.50	(106)2 467.50

销售费用

(52)2 900.00	(106)2 900.00

其他业务成本——运输

㉘189.00	(106)55 005.96
㉚860.00	
㊷1 500.00	
(77)8 160.00	
(81)3 090.00	
(82)1 420.00	
(83)12 300.00	
(84)1 722.00	
(85)1 970.00	
(91)15 456.00	
(92)6 763.20	
(104)1 575.76	

其他业务成本——材料销售

(77)20 400.00	(106)20 400.00

主营业务收入——M

(105)900 000.00	⑲150 000.00
	㊲250 000.00
	(51)200 000.00
	(65)100 000.00
	(68)200 000.00

主营业务收入——H

(105)150 000.00	㉝50 000.00
	㊶20 000.00
	(61)80 000.00

其他业务收入——运输

(105)47 750.00	②6 300.00
	㉞13 600.00
	㊺12 000.00
	(63)8 500.00
	(67)7 350.00

其他业务收入——销售配件

(105)26 800.00	㊽26 800.00

所得税费用

(107)223 155.42	(108)223 155.42

财务费用

⑪500.00	(106)6 230.00
(70)500.00	
(75)4 680.00	
(86)550.00	

营业外收入

(105)17 200.00	③2 000.00
	(62)15 000.00
	(66)200.00

生产成本——基本生产明细账

（产品成本计算单）

生产车间二车间　　　　　　　　　　　　　　　　　　　　编号____总页______

投产数量2 500 计划______实际______　　　　　　　　　产品名称 H产品

完成产量2 200 工时______工时10 200　　　　　　　　　产品规格______

月初在产品____月末在产品300 完工程度50%　　　　　　　计量单位 件

20××年		凭证号数	摘要	成本项目				
月	日			直接材料	燃料动力	直接人工	制造费用	合　计
12	31	082	结转动力费用		8 000.00			8 000.00
	31	083	计提本月工资			18 000.00		18 000.00
	31	084	计提本月职工福利费			2 520.00		2 520.00
	31	093	结转制造费用				78 960.23	78 960.23
	31		本月生产费用合计		8 000.00	20 520.00	78 960.23	107 480.23
	31	096	结转发出自制半成品成本	51 057.10				51 057.10
	31		本月生产费用合计	51 057.10	8 000.00	20 520.00	78 960.23	158 537.33
	31	097	完工	44 930.16	7 489.46	19 210.18	73 920.22	145 550.02
			在产	6 126.94	510.54	1 309.82	5 040.01	12 987.31

生产成本——辅助生产明细账

（产品成本计算单）

生产车间供暖车间　　　　　　　　　　　　　　　　　　编号____总页______

投产数量______计划______实际______　　　　　　　　　产品名称 热力

完成产量50 000 工时______工时______　　　　　　　　产品规格______

计量单位 吨

20××年		凭证号数	摘要	成本项目				
月	日			直接材料	燃料动力	直接人工	制造费用	合　计
12	31	076	结转发出甲材料	48 944.09				48 944.09
	31	082	结转动力费用		12 000.00			12 000.00
	31	083	计提本月工资			22 520.00		22 520.00
	31	084	计提本月职工福利费			3 152.80		3 152.80
	31	088	结转制造费用				13 350.63	13 350.63
			本月生产费用合计	48 944.09	12 000.00	25 672.80	13 350.63	99 967.52
	31	089	机修车间转入				11 476.00	11 476.00
	31	090	转到机修车间				9 997.00	9 997.00
	31		本月生产费用合计	48 944.09	12 000.00	25 672.80	14 829.63	101 446.52
	31	092	分配转出	48 944.09	12 000.00	25 672.80	14 829.63	101 446.52

生产成本——基本生产明细账

（产品成本计算单）

生产车间一车间　　编号______总页________

投产数量12 000 计划________实际________　　产品名称 M产品

完成产量11 950 工时44 445　　产品规格__________

月初在产品300 月末在产品350　平均完工程度50%　　计量单位 件

20××年		凭证号数	摘要	成本项目				
月	日			直接材料	燃料动力	直接人工	制造费用	合　计
12	1		月初在产品成本	8 964.00	536.00	600.00	1 157.00	11 257.00
	31	076	结转发出甲材料	275 310.50				275 310.50
	31	079	结转发出丙材料	85 941.59				85 941.59
	31	082	结转动力费用(电力)		58 151.84			58 151.84
	31	083	计提本月工资			77 534.30		77 534.30
	31	084	计提本月职工福利费			10 854.81		10 854.81
	31	093	结转制造费用				176 135.53	176 135.53
	31		本月生产费用合计	370 216.09	58 687.84	88 989.11	177 292.53	695 185.57
	31	094	完工转出	359 695.00	57 840.39	87 704.64	174 734.09	679 974.12
			在产	10 521.09	847.45	1 284.47	2 558.44	15 211.45

生产成本——基本生产明细账

（产品成本计算单）

生产车间一车间　　编号______总页________

投产数量2 780 计划________实际________　　产品名称 H半产品

完成产量3 000 工时________工时4 050　　产品规格__________

月初在产品300 月末在产品80 平均完工程度50%　　计量单位 件

20××年		凭证号数	摘要	成本项目				
月	日			直接材料	燃料动力	直接人工	制造费用	合　计
12	1		月初在产品成本	3 126.00	347.20	672.44	738.36	4 884.00
	31	080	结转发出乙材料	28 970.00				28 970.00
	31	082	结转动力费用		5 298.16			5 298.16
	31	083	计提本月工资			7 065.70		7 065.70
	31	084	计提本月职工福利费			989.19		989.19
	31	093	结转制造费用				16 051.06	16 051.06
	31		本月生产费用合计	32 096.00	5 645.36	8 727.33	16 789.42	63 258.11
	31	095	完工转出	31 262.40	5 571.00	8 612.40	16 568.40	62 014.20
			在产	833.60	74.36	114.93	221.02	1 243.91

生产成本——辅助生产明细账

（产品成本计算单）

生产车间机修车间　　　　编号_____总页_____

投产数量_____计划_____实际_____　　　　产品名称 机修劳务

完成产量49 000工时_____工时_____　　　　产品规格_____

计量单位 工时

20××年		凭证号数	摘要	成本项目				
月	日			直接材料	燃料动力	直接人工	制造费用	合　计
12	31	076	结转发出甲材料	73 416.13				73 416.13
	31	082	结转动力费用		6 000.00			6 000.00
	31	083	计提本月工资			18 000.00		18 000.00
	31	084	计提本月职工福利费			2 520.00		2 520.00
	31	087	结转制造费用				40 646.56	40 646.56
	31		本月生产费用合计	73 416.13	6 000.00	20 520.00	40 646.56	140 582.69
	31	089	转到供暖车间				11 476.00	11 476.00
	31	090	供暖车间转入				9 997.00	9 997.00
	31		本月生产费用合计	73 416.13	6 000.00	20 520.00	39 167.56	139 103.69
	31	091	对外分配	73 416.13	6 000.00	20 520.00	39 167.56	139 103.69

五、　科目汇总表

20××年12月31日

会计科目	1—31日	
	借　方	贷　方
库存现金	179 520.00	180 310.00
银行存款	1 439 266.00	1 655 276.66
其他货币资金	110 000.00	60 000.00
应收票据		30 000.00
应收账款	794 260.00	355 040.00
坏账准备	300.00	2 627.50
预付账款	50 000.00	98 280.00
其他应收款	150.00	4 360.00
材料采购	888 400.00	888 400.00
在途物资	110 023.00	110 023.00
原材料	1 008 823.00	646 501.40
周转材料	7 500.00	27 000.00
材料成本差异	6 320.00	15 988.10
委托加工物资	7 500.00	7 500.00
自制半成品	62 014.20	51 057.10
库存商品	825 524.14	640 768.00

（续表）

会计科目	1—31 日	
	借　方	贷　方
发出商品	39 690.00	13 232.00
固定资产	15 000.00	30 000.00
累计折旧	29 000.00	14 997.45
固定资产清理	2 000.00	2 000.00
无形资产	60 000.00	
累计摊销		500.00
长期待摊费用	15 000.00	625.00
短期借款	60 000.00	100 000.00
应付票据		17 550.00
应付账款	115 148.00	132 698.00
预收账款	117 000.00	
其他应付款	660.00	
应付职工薪酬	176 230.00	213 237.00
应交税费	212 454.66	407 787.18
应付股利		200 839.88
应付利息	1 000.00	550.00
实收资本		500 000.00
盈余公积		100 419.94
本年利润	1 671 440.00	1 141 750.00
利润分配	301 259.82	669 466.28
生产成本	1 162 863.22	1 149 561.55
制造费用	325 144.01	325 144.01
主营业务收入	1 050 000.00	1 050 000.00
主营业务成本	614 310.00	614 310.00
销售费用	2 900.00	2 900.00
其他业务收入	74 550.00	74 550.00
其他业务成本	75 405.96	75 405.96
管理费用	77 504.84	77 504.84
财务费用	6 230.00	6 230.00
资产减值损失	2 467.50	2 467.50
营业外收入	17 200.00	17 200.00
所得税费用	223 155.42	223 155.42
合计	11 937 213.77	11 937 213.77

参 考 文 献

[1] 中华人民共和国财政部制定．企业会计准则——应用指南[M]. 北京：经济科学出版社，2009.

[2] 林显胜．会计模拟实习[M]. 广州：华南理工大学出版社，2010.

[3] 张维宾，姚津．新编会计模拟实习[M]. 4 版．上海：立信会计出版社，2007.

[4] 姚津，李氟．新编簿籍模拟实习[M]. 2 版．上海：立信会计出版社，2007.

北京大学出版社本科财经管理类实用规划教材(已出版)

序号	标准书号	书 名	主 编	定 价	序号	标准书号	书 名	主 编	定 价
1	7-5038-4748-6	应用统计学	王淑芬	32.00	38	7-5038-5018-9	财务管理学实用教程	骆永菊	42.00
2	7-301-18515-5	会计学原理(第2版)	刘爱香	30.00	39	7-5038-5022-6	公共关系学	于朝晖	40.00
3	7-5038-4881-0	会计学原理习题与实验	齐永忠	26.00	40	7-5038-5013-4	会计学原理与实务模拟实验教程	周慧滨	20.00
4	7-5038-4892-6	基础会计学	李秀莲	30.00	41	7-5038-5021-9	国际市场营销学	范应仁	38.00
5	7-5038-4896-4	会计学原理与实务	周慧滨	36.00	42	7-5038-5024-0	现代企业管理理论与应用	邸彦彪	40.00
6	7-5038-4897-1	财务管理学	盛均全	34.00	43	7-301-13552-5	管理定量分析方法	赵光华	28.00
7	7-5038-4877-3	生产运作管理	李全喜	42.00	44	7-81117-496-0	人力资源管理原理与实务	邹 华	32.00
8	7-5038-4878-0	运营管理	冯根尧	35.00	45	7-81117-492-2	产品与品牌管理	胡 梅	35.00
9	7-5038-4879-7	市场营销学新论	郑玉香	40.00	46	7-81117-494-6	管理学	曾 旗	44.00
10	7-5038-4880-3	人力资源管理	颜爱民	56.00	47	7-81117-498-4	政治经济学原理与实务	沈爱华	28.00
11	7-5038-4899-5	人力资源管理实用教程	吴宝华	38.00	48	7-81117-495-3	劳动法学	李 瑞	32.00
12	7-5038-4889-6	公共关系理论与实务	王 玫	32.00	49	7-81117-497-7	税法与税务会计	吕孝侠	45.00
13	7-5038-4884-1	外贸函电	王 妍	20.00	50	7-81117-549-3	现代经济学基础	张士军	25.00
14	7-5038-4894-0	国际贸易	朱廷珺	35.00	51	7-81117-536-3	管理经济学	姜保雨	34.00
15	7-5038-4895-7	国际贸易实务	夏合群	42.00	52	7-81117-547-9	经济法实用教程	陈亚平	44.00
16	7-5038-4883-4	国际贸易规则与进出口业务操作实务	李 平	45.00	53	7-81117-544-8	财务管理学原理与实务	严复海	40.00
17	7-5038-4885-8	国际贸易理论与实务	缪东玲	47.00	54	7-81117-546-2	金融工程学理论与实务	谭春枝	35.00
18	7-5038-4873-5	国际结算	张晓芬	30.00	55	7-5038-3915-3	计量经济学	刘艳春	28.00
19	7-5038-4893-3	国际金融	韩博印	30.00	56	7-81117-559-2	财务管理理论与实务	张思强	45.00
20	7-5038-4874-2	宏观经济学原理与实务	崔东红	45.00	57	7-81117-545-5	高级财务会计	程明娥	46.00
21	7-5038-4882-7	宏观经济学	蹇令香	32.00	58	7-81117-533-2	会计学	马丽莹	44.00
22	7-5038-4886-5	西方经济学实用教程	陈孝胜	40.00	59	7-81117-568-4	微观经济学	梁瑞华	35.00
23	7-5038-4870-4	管理运筹学	关文忠	37.00	60	7-81117-575-2	管理学原理与实务	陈嘉莉	38.00
24	7-5038-4871-1	保险学原理与实务	曹时军	37.00	61	7-81117-519-6	流程型组织的构建研究	岳 澎	35.00
25	7-5038-4872-8	管理学基础	于干千	35.00	62	7-81117-660-5	公共关系学实用教程	周 华	35.00
26	7-5038-4891-9	管理学基础学习指南与习题集	王 珍	26.00	63	7-81117-663-6	企业文化理论与实务	王水嫩	30.00
27	7-5038-4888-9	统计学原理	刘晓利	28.00	64	7-81117-599-8	现代市场营销学	邓德胜	40.00
28	7-5038-4898-8	统计学	曲 岩	42.00	65	7-81117-674-2	发展经济学	赵邦宏	48.00
29	7-5038-4876-6	经济法原理与实务	杨士富	32.00	66	7-81117-598-1	税法与税务会计实用教程	张巧良	38.00
30	7-5038-4887-2	商法总论	任先行	40.00	67	7-81117-594-3	国际经济学	吴红梅	39.00
31	7-5038-4965-7	财政学	盖 锐	34.00	68	7-81117-676-6	市场营销学	戴秀英	32.00
32	7-5038-4997-8	通用管理知识概论	王丽平	36.00	69	7-81117-597-4	商务谈判实用教程	陈建明	24.00
33	7-5038-4999-2	跨国公司管理	冯雷鸣	28.00	70	7-81117-595-0	金融市场学	黄解宇	24.00
34	7-5038-4890-2	服务企业经营管理学	于干千	36.00	71	7-81117-677-3	会计实务	王远利	40.00
35	7-5038-5014-1	组织行为学	安世民	33.00	72	7-81117-800-5	公司理财原理与实务	廖东声	36.00
36	7-5038-5016-5	市场营销学	陈 阳	48.00	73	7-81117-801-2	企业战略管理	陈英梅	34.00
37	7-5038-5015-8	商务谈判	郭秀君	38.00	74	7-81117-826-5	服务营销理论与实务	杨丽华	39.00

序号	标准书号	书　名	主　编	定　价	序号	标准书号	书　名	主　编	定　价
75	7-81117-824-1	消费者行为学	甘瑁琴	35.00	95	7-5655-0077-0	现代组织理论	岳　澎	32.00
76	7-81117-828-9	审计学	王翠琳	46.00	96	7-5655-0081-7	市场营销学实用教程	李晨耘	40.00
77	7-81117-593-6	国际金融实用教程	周　影	32.00	97	7-5655-0093-0	国际商务	安占然	30.00
78	7-81117-818-0	微观经济学原理与实务	崔东红	48.00	98	7-5655-0155-5	公共关系理论与实务	李泓欣	45.00
79	7-81117-851-7	西方经济学	于丽敏	40.00	99	7-5655-0193-7	人力资源管理：理论、实务与艺术	李长江	50.00
80	7-81117-853-1	企业战略管理实用教程	刘松先	35.00	100	7-5655-0057-2	消费者行为学	肖　立	37.00
81	7-81117-852-4	国际商法理论与实务	杨士富	38.00	101	7-301-18536-0	管理学原理与实务(第2版)	陈嘉莉	43.00
82	7-81117-887-6	会计规范专题	谢万健	35.00	102	7-301-18653-4	会计学原理与实务(第2版)	周慧滨	33.00
83	7-81117-943-9	管理会计	齐殿伟	27.00	103	7-5655-0302-3	西方经济学实用教程	杨仁发	49.00
84	7-81117-955-2	审计理论与实务	宋传联	36.00	104	7-301-18798-2	国际贸易理论与实务(第2版)	缪东玲	54.00
85	7-81117-958-3	金融法学理论与实务	战玉锋	34.00	105	7-301-19038-8	宏观经济学(第2版)	蹇令香	39.00
86	7-81117-959-0	市场营销理论与实务	那　薇	38.00	106	7-301-18787-6	宏观经济学原理与实务(第2版)	崔东红	57.00
87	7-81117-956-9	东南亚南亚商务环境概论	韩　越	38.00	107	7-301-19098-2	人力资源管理(第2版)	颜爱民	60.00
88	7-81117-972-9	新编市场营销学	刘丽霞	30.00	108	7-301-19351-8	管理运筹学(第2版)	关文忠	39.00
89	7-301-16084-8	人力资源管理经济分析	颜爱民	38.00	109	7-5655-0370-2	企业战略管理	代海涛	36.00
90	7-5655-0069-5	质量管理	陈国华	36.00	110	7-5655-0404-4	企业财务会计模拟实习教程	董晓平	25.00
91	7-5655-0063-3	管理学实用教程	邵喜武	37.00	111	7-301-19400-3	成本会计学	杨尚军	38.00
92	7-5655-0064-0	市场营销学	王槐林	33.00	112	7-301-19404-1	国际贸易(第2版)	朱廷珺	45.00
93	7-5655-0078-7	管理学原理	尹少华	42.00	113	7-5655-0405-1	金融学理论与实务	战玉锋	42.00
94	7-5655-0061-9	高级财务会计	王奇杰	44.00					

本科电子商务与信息管理类教材

序号	标准书号	书　名	主　编	定　价	序号	标准书号	书　名	主　编	定　价
1	7-301-12349-2	网络营销	谷宝华	30.00	14	7-301-15474-8	电子商务实务	仲　岩	28.00
2	7-301-12351-5	数据库技术及应用教程(SQL Server 版)	郭建校	34.00	15	7-301-15480-9	电子商务网站建设	臧良运	32.00
3	7-301-12343-0	电子商务概论	庞大连	35.00	16	7-301-15694-0	网络金融与电子支付	李蔚田	30.00
4	7-301-12348-5	管理信息系统	张彩虹	36.00	17	7-301-16556-0	网络营销	王宏伟	26.00
5	7-301-13633-1	电子商务概论	李洪心	30.00	18	7-301-16557-7	网络信息采集与编辑	范生万	24.00
6	7-301-12323-2	管理信息系统实用教程	李　松	35.00	19	7-301-16596-6	电子商务案例分析	曹彩杰	28.00
7	7-301-14306-3	电子商务法	李　瑞	26.00	20	7-301-16717-5	电子商务概论	杨雪雁	32.00
8	7-301-14313-1	数据仓库与数据挖掘	廖开际	28.00	21	7-301-05364-5	电子商务英语	覃　正	30.00
9	7-301-12350-8	电子商务模拟与实验	喻光继	22.00	22	7-301-16911-7	网络支付与结算	徐　勇	34.00
10	7-301-14455-8	ERP 原理与应用教程	温雅丽	34.00	23	7-301-17044-1	网上支付与安全	帅青红	32.00
11	7-301-14080-2	电子商务原理及应用	孙　睿	36.00	24	7-301-16621-5	企业信息化实务	张志荣	42.00
12	7-301-15212-6	管理信息系统理论与应用	吴　忠	30.00	25	7-301-17246-9	电子化国际贸易	李辉作	28.00
13	7-301-15284-3	网络营销实务	李蔚田	42.00	26	7-301-17671-9	商务智能与数据挖掘	张公让	38.00